Verena Lueken

NEW YORK

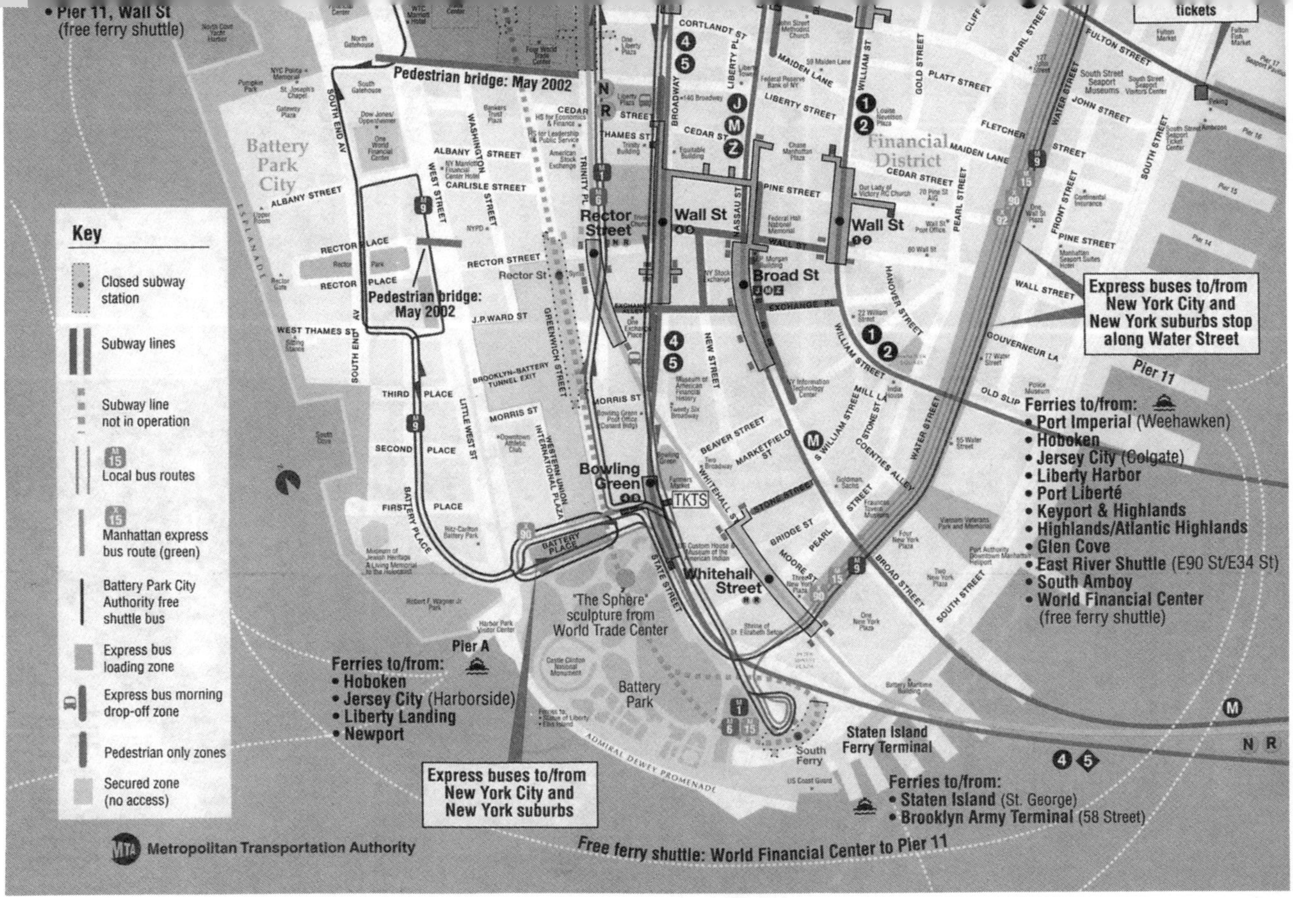

• Pier 11, Wall St
(free ferry shuttle)
tickets
Pedestrian bridge: May 2002
Pedestrian bridge: May 2002
Battery Park City
Financial District
Wall St
Wall St
Broad St
Rector Street
Rector St
Bowling Green
Whitehall Street
TKTS
'The Sphere' sculpture from World Trade Center
Battery Park
South Ferry
Staten Island Ferry Terminal
Pier A
Pier 11
Express buses to/from New York City and New York suburbs stop along Water Street
Express buses to/from New York City and New York suburbs
Ferries to/from:
• Port Imperial (Weehawken)
• Hoboken
• Jersey City (Colgate)
• Liberty Harbor
• Port Liberté
• Keyport & Highlands
• Highlands/Atlantic Highlands
• Glen Cove
• East River Shuttle (E90 St/E34 St)
• South Amboy
• World Financial Center
(free ferry shuttle)
Ferries to/from:
• Hoboken
• Jersey City (Harborside)
• Liberty Landing
• Newport
Ferries to/from:
• Staten Island (St. George)
• Brooklyn Army Terminal (58 Street)
Free ferry shuttle: World Financial Center to Pier 11
Key
Closed subway station
Subway lines
Subway line not in operation
Local bus routes
Manhattan express bus route (green)
Battery Park City Authority free shuttle bus
Express bus loading zone
Express bus morning drop-off zone
Pedestrian only zones
Secured zone (no access)
Metropolitan Transportation Authority

Verena Lueken

NEW YORK

Reportage aus einer alten Stadt

DUMONT

Erste Auflage 2002

Ausstattung und Umschlag: Groothuis, Lohfert, Consorten (Hamburg)
Gesetzt aus der Concorde
Gedruckt auf säurefreiem und chlorfrei gebleichtem Papier
Satz: Greiner & Reichel, Köln
Druck und Verarbeitung: Clausen & Bosse, Leck
Printed in Germany
ISBN 3-8321-7808-2

Inhalt

Für Samuel

Manhattan Transfer

Wer den Wettkampf sucht und das Risiko, die Vielfalt und die Kunst, die öffentliche Arena und die Vertrautheit eines Dorfes, wer die Straße zum Leben braucht, die Einsamkeit liebt und die Masse, der geht nach New York. Das Auf und Ab der Skyline dieser Stadt, die das Neue im Namen trägt, verspricht Bewegung. Das Leben prescht immer nach vorn, ohne Trauer darüber, was zurückbleibt oder untergeht. Hierher kommt, wer sich verändern will. Andere Städte leben von den Mythen ihrer Vergangenheit. Der Mythos New Yorks ist die Zukunft.

Von allen Stadtteilen verkörpert der kleinste, was New York bedeutet. Manhattan ist einundzwanzig Kilometer lang und höchstens drei breit. Dieser Felsen beherbergt die ganze Welt. Sie hat dort nur Platz, weil die Oberfläche immer wieder blankgekehrt wird. Nichts muß so bleiben, wie es ist. Die Gestalt New Yorks, die den Träumen der Neuankömmlinge ihren Rahmen gibt, verändert sich im Rhythmus der Generationen. Bis in die vierziger Jahre des zwanzigsten Jahrhunderts galt, daß an die Stelle der großartigen alten Strukturen, die niedergerissen wurden, großartige neue treten würden. Das alte Waldorf-Astoria Hotel wurde vom Empire State Building ersetzt, das Century Opera House von den Century Apartments. Manchmal tauchten Bruchstücke vergangener Grandezza andernorts wieder auf. So fanden sich Teile aus der marmorierten Fassade der gotisch angehauchten National Academy of Design, die 1865 an der Ecke von dreiundzwanzigster Straße und Park Avenue gebaut worden war, an der Front der katholischen Kirche *Our Lady of Lourdes* wieder – hoch in Harlem an der hundertzweiundvierzigsten Straße, im Jahr 1904.

Nach dem zweiten Weltkrieg veränderte sich New York mit wachsender Geschwindigkeit. Doch das Vertrauen schwand, daß das Neue auch das Bessere sei. New York, Fluchtpunkt so vieler Begierden, war auch das Utopia der Immobilienspekulation und der Aktionsraum für cäsarische Visionen von der autogerechten Stadt. Gemeinsam sorgten sie dafür, daß von den späten fünfziger bis in die achtziger Jahre des zwanzigsten Jahrhunderts hinein eine architektonische Katastrophe der anderen folgte, während gleichzeitig grandiose Bauten wie der alte Bahnhof Pennsylvania Station oder das Singer Hochhaus abgerissen wurden.

1965 hielt New York zum ersten Mal in seiner Geschichte inne. Der Blick zurück erfaßte Gebäude, Viertel und Parklandschaften, von denen sich die Stadt auch um den Preis entgangener Spekulationsgewinne nicht trennen wollte. Bisher mußte das Alte für das Neue verschwinden. Plötzlich sollte das Alte bleiben, weil dem Neuen nicht mehr bedingungslos zu trauen war. New York bekam eine Denkmalschutzbehörde.

Niemand kommt unschuldig nach New York. In den Straßen der Stadt sind ungezählte Filme und zahlreiche Fernsehserien gedreht worden, die mehr oder weniger realistische Momentaufnahmen um die Welt schicken. Kein anderer Ort in den

Vereinigten Staaten, außer vielleicht dem Westen, hat die Imagination von Filmemachern, Künstlern und Schriftstellern mehr beschäftigt als New York. Unsere Vorstellung vom amerikanischen Westen haben Bilder geformt; unsere Phantasien über New York aber nährt vor allem die Literatur, die uns Fragmente aus verschiedenen Zeiten und sozialen Schichten hinwirft, Szenen von unterschiedlichen Orten und Stimmungen.

Die Geschichten über New York sind Legion. Viele beginnen mit dem Vorspann, daß das New York, wie es der Autor beschreibt, in der Zeit zwischen Niederschrift und Druck bereits vergangen sei. Die Literatur hielt mit den Veränderun-

gen nicht Schritt. Manche Erzählung berichtet von den Geistern, die in der Stadt, die sich von ihren Toten abwendet, nicht zur Ruhe kommen.

Herman Melville stand stundenlang an der Battery ganz im Süden Manhattans und blickte auf die Bucht und zurück auf die Stadt. Walt Whitman stand dort ebenfalls, doch die beiden sind einander wahrscheinlich nie begegnet. Sie waren Zeitgenossen, Melville lebte von 1819 bis 1891, Whitman wurde ebenfalls 1819 geboren und starb 1892. Doch obwohl sie auf dieselbe Stadt schauten, sahen sie jeweils ein anderes New York. Der eine, Melville, kam als Sohn einer vornehmen Familie in die Stadt und erlebte, wie sein Vater, der mit Luxusgütern aus Frankreich handelte, von den Strömungen des Marktes und der Spekulation in den Bankrott gespült wurde und die Stadt wieder verließ, um in Albany zu sterben. Melvilles New York, wie er es in *Pierre* aus dem Jahr 1852 zum Beispiel zeichnet und vier Jahre später in *Bartleby*, ist eine vom Geld besessene Stadt, in der die Gemeinheit wohnt und die Verzweiflung. Für Melville war New York der Ort, an dem er unterging.

Whitman hingegen stammte aus einer Quäkerfamilie und vom Land, aus West Hills in Long Island. Seine Vorfahren waren Bauern. Whitman sah das New York der Möglichkeiten. Mit seinem großen lyrischen Epos *Grashalme*, das im Jahr 1855 in achthundert Exemplaren erschien, besang er das Wachstum der Stadt und den Fortschritt und die Versprechen der Demokratie. In seinen Schriften wurde New York ihr strahlendes Symbol. Für Whitman war New York die Stadt, in der er trotz regelmäßiger Phasen des Mißerfolgs wurde, was er sein wollte, ein dichtender Flaneur. Sein New York birst auseinander wie ein Kaleidoskop, und in jedem einzelnen der glitzernden Stückchen spiegelt sich auch der Dichter und seine Vorstellungskraft.

Theodore Dreiser tauchte 1894 in New York auf. Er schaute sich das Leben dort fünfzehn Jahre lang an, bevor er begann, seine Beobachtungen niederzuschreiben und später gesammelt unter dem Titel *The Color of the City* zu veröffentlichen. Dreiser fand eine Wiege vor einem Waisenhaus, in die Mütter ihre Kinder legten, die sie nicht ernähren konnten; er traf die Arbeitssuchenden, die am kalten Morgen in schäbigen Anzügen am Bahnhof standen; er interessierte sich für die Männer, die auf Bänken wohnten, und für einen verschwundenen Ferienort an der Küste Brooklyns.

Dreisers New York ist eine Stadt der Armen und romantisch nur in der Vielfalt, in der sich die Bedürftigkeit zeigt. Edith Wharton wiederum, die in der *Zeit der Unschuld* aus den Jahren der Jahrhundertwende erzählt, in denen Dreiser durch die Straßen wanderte, berichtet von der untergehenden Welt der alten Neureichen und ihren Sitten. *Die Zeit der Unschuld* kam 1920 heraus, als diese soziale Klasse sich in einige wenige Villen an der damals in der Gegend des Washington Square noch weitabgelegenen Fifth Avenue zurückgezogen hatte. Da waren ihre Protagonisten schon abgelöst worden von den neuen Neureichen wie dem *Großen Gatsby*, den F. Scott Fitzgerald 1925 erfand.

Im gleichen Jahr erschien *Manhattan Transfer* von John Dos Passos. Hier ist unter den mehr als dreißig Figuren New York selbst die Hauptakteurin. Der maschinelle Rhythmus der

Stadt bestimmt die Geschicke aller, die in ihr leben. Vierzig Jahre später war der Herzschlag der Industrie fast verstummt und erlosch vollends, als Anfang der siebziger Jahre des zwanzigsten Jahrhunderts der Manhattan Transfer, die Frachtfähre im New Yorker Hafen, endgültig eingestellt wurde.

New York ist Metapher für Glamour ebenso wie für die Gosse. *My Lost City* nannte F. Scott Fitzgerald einen Essay, sieben Jahre nach dem *Großen Gatsby* geschrieben, nach dem Börsenkrach und mitten in der Depressionszeit. Fitzgerald erinnert sich an den fieberhaften Boom der zwanziger Jahre, in den er mit seiner Frau Zelda hineinfiel, verwirrt darüber, was die Stadt von ihnen erwartete. Sie erwartete nichts, »sie vergaß uns und ließ uns bleiben«. Fitzgerald erzählt, wie sich die Stadt blähte vor Reichtum, »dumm von Brot und Spielen«, und wie sie niederging, als die Aktien fielen. Eines Abends erklimmt er die Aussichtsplattform des Empire State Building und blickt aus großer Höhe hinab: »Mit Schaudern sah der New Yorker, was er nicht erwartet hatte, daß die Stadt nicht etwa eine endlose Kette von Straßenschluchten war, sondern Grenzen hatte. Und mit dieser schrecklichen Gewißheit, daß New York schließlich doch nur eine Stadt und kein Universum ist, krachte das ganze glänzende Gefüge seiner Imagination zu Boden.«

Nach dem Zweiten Weltkrieg begann John Cheever Geschichten zu schreiben, von denen viele in New York spielen, *O City of Broken Dreams* etwa, die aus den späten vierziger Jahren stammt. Cheevers New York hat die Präsenz einer einschüchternden Sphinx, die immer neue Botschaften aussendet, die der Fremde nicht versteht. Sie scheint Glück und Reichtum zu versprechen, und die Gutgläubigen besteigen irgendwo weit entfernt den Zug, um ihrer Verheißung entgegenzueilen. Bei ihrer Ankunft aber ist aus der Verheißung eine Gefahr geworden, undurchdringlich, unausweichlich. New York wird zur düsteren Kulisse ihres Scheiterns.

E. B. White, der mit *Here is New York* im Jahr 1949 einen der berühmtesten Essays zum Thema schrieb, sah in der Stadt ein Stück Dichtung: »Sie komprimiert alles Leben, alle Rassen und Schichten auf einer kleinen Insel und stellt dann die Musik an und die inneren Motoren.«

Immer neue New Yorks entstanden in der Literatur, die, jedes für sich, ein Stück der Wahrheit waren – Anatole Broyard fand in Greenwich Village unmittelbar nach dem Zweiten Weltkrieg lauter vom Leben Besesssene, die auch besessen waren von New York, das wild war, erotisch und frei. Kaum zehn Jahre später gebärdete sich die Stadt feindselig und rassistisch, als Ralph Ellisons *Unsichtbarer Mann* aus den Südstaaten in den späten fünfziger Jahren dort ankam. Zur gleichen Zeit erlebte Joseph Mitchell immer noch eine Stadt, die in den harten Zeiten vor dem Krieg ein wenig humaner und durch den Krieg selbst ein wenig zivilisierter geworden war und an beidem noch festhielt. Bernard Malamud bemerkte 1971 in seinem Roman *The Tenants* die Vergänglichkeit New Yorks und klagte, »wenn man ein Haus verläßt, wird es hinter einem sofort abgerissen«. In Dutzenden Büchern von anderen Autoren wurden wiederum andere Versionen der Stadt erfunden, beleuchtet, abgewehrt, vergöttert, verachtet oder auch, am Ende, einfach links liegen gelassen. Für die achtziger Jahre lieferte Tom Woolfe im *Fegefeuer der Eitelkeiten* die passende Metapher. Dann war Schluß.

In der Literatur ist die Vergangenheit New Yorks über ein ganzes Jahrhundert flach. New York war immer Gegenwart, und der Autor Teil von ihr. Das änderte sich, zwar sehr viel später als in der Architektur, aber in einer ähnlichen Bewegung der Resistenz gegen das immer wieder Neue. Die vielen Städte, die unter dem Namen New York Schauplätze der Literatur wurden, sind heute alt. Die Bücher, die im letzten Jahrzehnt des zwanzigsten Jahrhunderts über die Stadt geschrieben wurden, waren Erkundungen in die Vergangenheit, Exerzitien der Archäologie in die »endlos inspirierte Katastrophe New Yorks«, wie Don DeLillo es in *Underworld* formuliert. New York, in jeder Ausprägung, verhieß extreme Erfahrungen, und die Übertreibung, die jeden Moment aus der Alltäglichkeit herausreißt, fütterte die Phantasie. In den letzten zehn Jahren, in denen die Stadt immer satter wurde, erschlaffte ein wenig auch ihre Kraft zur Inspiration. Die Literatur wurde gegenüber New York gleichgültiger, als sie es für mehr als hundert Jahre gewesen war. Möglicherweise hat das etwas mit Rudolph Giuliani zu tun.

Der Widerspenstigen Zähmung

Niemand weiß, warum erst tief im Jahr 2000 ein Reporter herausfand, daß Rudolph Giuliani der Sohn eines Mafioso ist. Da war Giuliani bereits seit fünfzehn Jahren eine Figur des öffentlichen Lebens und als Bürgermeister von New York schon seit sechs Jahren im Amt, hatte die Stadt gesäubert und die Anzahl der Verbrechen eindrucksvoll gesenkt, und hatte als Anwalt von Anstand und Moral den Sexclub- wie den Barbesitzern und Bettlern das Leben schwer gemacht. Doch obwohl kaum jemand, der in den Vereinigten Staaten ein Amt anstrebt oder innehat, vor Nachforschungen über sein Vorleben, seine Familie und seine Geheimnisse sicher ist, glaubten alle ungeprüft über Jahre hinweg, was Giuliani ihnen über seine Kindheit und Jugend erzählt hatte: daß er aus kleinen Verhältnissen komme und Sohn eines Kneipenwirts sei. Wahr war, daß der Vater als Rausschmeißer in Spielhallen der Mafia beschäftigt gewesen war, einige Jahre im Zuchthaus Sing-Sing verbracht hatte und als überaus aggressiv galt, wie das Gutachten eines Gefängnispsychiaters belegt. Niemand zog aus diesen Enthüllungen den Schluß, auch der Bürgermeister könnte Verbindungen zum organisierten Verbrechen haben. Vielmehr erwiesen sich nun Zorn und Rigorosität, mit denen Giuliani das Verbrechen in New York verfolgte, als der Feldzug mit wohlbegründetem persönlichem Motiv, als der er die ganzen Jahre über seinen Kritikern erschienen war.

Als Rudolph Giuliani am 1. Januar 1994 seinen Bürgermeisterposten bezog, galt New York als unregierbar – so, wie es genau genommen immer als unregierbar galt. New York war unregierbar, als 1835 ein Feuer annähernd siebenhundert Gebäude im Süden Manhattans zerstörte und die Versicherungsfirmen mit wenigen Ausnahmen Bankrott anmelden mußten. Ein Jahr später waren etwa da, wo heute Ground Zero liegt, fünfhundert neue Gebäude entstanden, und die Geschäfte gingen blendend wie eh. New York war unregierbar, als 1863 die *Draft Riots*, die über Abraham Lincolns Verfügung zum allgemeinen Wehrdienst im Bürgerkrieg ausbrachen, vier Tage lang die Stadt erschütterten. Der Pflicht zum Einsatz an der Front entging nur, wer dreihundert Dollar bezahlen konnte. Die Wut der mittellosen Massen, vor allem der irischen Einwanderer, die sich als Kanonenfutter sahen, richtete sich zunächst gegen die Polizei, schwenkte dann aber um und nahm die Schwarzen ins Visier. New York war zu jener Zeit eine weitgehend segregierte und im Herzen rassistische Stadt, deren Reiche ein erhebliches kommerzielles Interesse an einem beruhigten Süden hatten und deren Arme um ihre Arbeit fürchteten, sollten befreite Sklaven etwa in ihr Revier ziehen. Am Ende hielten sechstausend erschöpfte Soldaten, von den Schlachtfeldern in Gettysburg nach New York beordert, die Stadt besetzt. Hundertzwanzig Menschen waren tot, elf Schwarze brutal massakriert. Das ist die Mindestzahl. Da viele Tote einfach in den Hudson geworfen wurden, ist die tatsächliche Zahl der Opfer kaum zu schätzen. Zeitgenössische Quellen sprechen von zweitausend Toten. Doch Lincoln rief nicht den Notstand aus, sondern vertraute

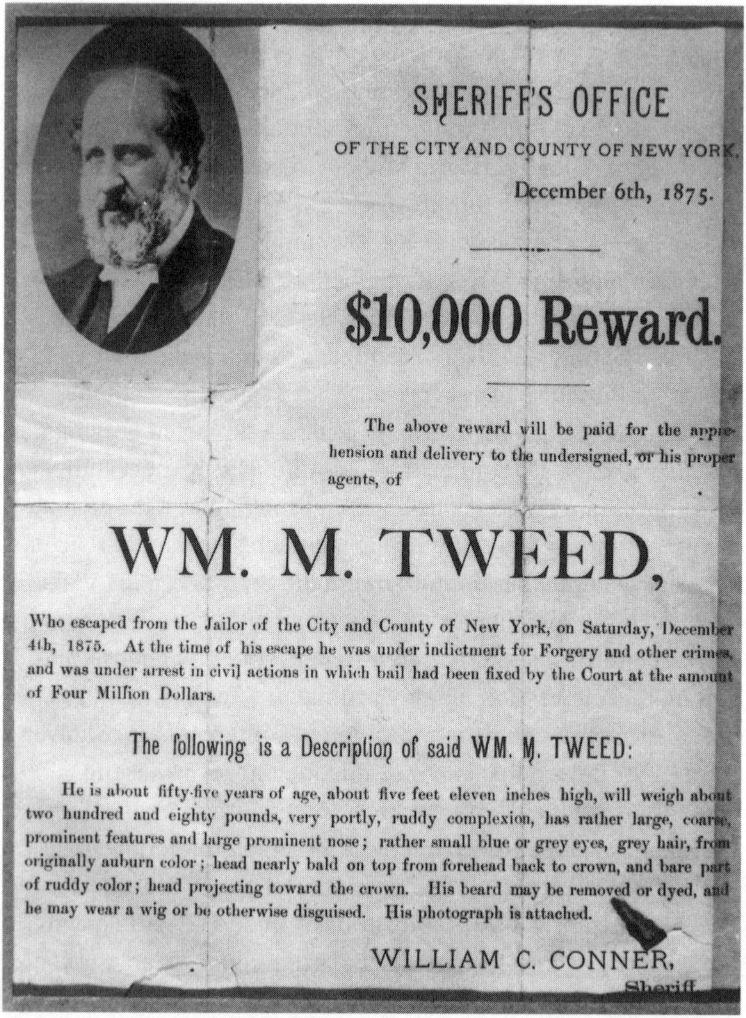

SHERIFF'S OFFICE

OF THE CITY AND COUNTY OF NEW YORK,

December 6th, 1875.

$10,000 Reward.

The above reward will be paid for the apprehension and delivery to the undersigned, or his proper agents, of

WM. M. TWEED,

Who escaped from the Jailor of the City and County of New York, on Saturday, December 4th, 1875. At the time of his escape he was under indictment for Forgery and other crimes, and was under arrest in civil actions in which bail had been fixed by the Court at the amount of Four Million Dollars.

The following is a Description of said WM. M. TWEED:

He is about fifty-five years of age, about five feet eleven inches high, will weigh about two hundred and eighty pounds, very portly, ruddy complexion, has rather large, coarse, prominent features and large prominent nose; rather small blue or grey eyes, grey hair, from originally auburn color; head nearly bald on top from forehead back to crown, and bare part of ruddy color; head projecting toward the crown. His beard may be removed or dyed, and he may wear a wig or be otherwise disguised. His photograph is attached.

WILLIAM C. CONNER,
Sheriff.

dem mächtigsten Mann jener Jahre in New York. Dieser Mann, der die Ordnung wiederherstellen sollte, war William *Boss* Tweed; er war auf dem Weg , der korrupteste Politker zu werden, den die Stadt bis heute gesehen hat.

Unregierbar, so hieß es, war New York auch in den siebziger Jahren des zwanzigsten Jahrhunderts, als die Stadt vor der Pleite stand, die Straßen und Parks unsicher waren und zweitausend Menschen jährlich ermordet wurden. Und als unregierbar galt New York immer noch und erst recht, als Giuliani sein Amt antrat und jeder siebte New Yorker Sozialhilfe empfing. Das öffentliche Transportwesen war so marode wie die städtischen Finanzen, die Verbrechensrate hatte ihren Höchststand erreicht, und Times Square war längst nicht mehr die Kreuzung der Welt, sondern ein gefährlicher Ort, den jeder Tourist, der bei Sinnen war, zu meiden suchte. Unregierbar war kein Attribut, das der mißtrauische Rest des Landes seiner einzigen Weltstadt anhängte, vielmehr eine nüchterne Beschreibung dessen, was war.

Giuliani aber regierte. Er schaffte Ordnung. Er räumte bei der Polizei auf und bei der Feuerwehr. Er legte Sümpfe der Korruption in den städtischen Behörden trocken. Er handelte nach der *Broken-Window*-Maxime, daß die Nachlässigkeit gegenüber kleinen Vergehen die Toleranz für größere fördere, und verfolgte Bettler, Obdachlose, Biertrinker und öffentlich Urinierende mit fast demselben Furor wie Einbrecher, Räuber und Mörder. Die New Yorker unterzog er einem Gehorsamkeitstraining, und sie, undenkbar noch zehn Jahre zuvor, widersetzten sich nicht. Gegenüber den unbeschränkten individuellen Rechten, welche die literarische Phantasie immer beflügelten, setzte er die Rechte der Gemeinschaft wieder in Kraft, und vielleicht ist es das einzige Wunder seiner Amtszeit, daß die New Yorker ihm auch darin folgten. Von einem neuen landesweiten Sozialhilfegesetz unterstützt, sorgte er dafür, daß sich die Zahl der Wohlfahrtsempfänger halbierte.

Um die Armen, die nun gar nichts mehr hatten, kümmerte er sich nicht. Am Ende seiner Regierungszeit zählte New York dreißigtausend Obdachlose, mit steigender Tendenz. Dreizehntausend von ihnen sind Kinder, und das Problem ist größer, als es in den achtziger Jahren war. Auch mit der schwarzen Bevölkerung New Yorks wollte Giuliani nichts zu tun haben. Er verweigerte Zusammenkünfte selbst mit gewählten schwarzen Bürgervertretern, und er deckte die Polizei, die Schwarze und Hispanics wahllos verhaftete. Hingegen kümmerte er sich um die Autofahrer, die beim Abbiegen immer wieder von disziplinlosen Fußgängern gebremst wurden. Er stellte auf der Fifth Avenue schmiedeeiserne Gitter an die Bürgersteige, um die Fußgänger am Überqueren der Straße jenseits der dafür vorgesehenen Abschnitte zu hindern, wobei doch *jaywalking* zum Gehen in New York gehört wie das von den umstehenden Vokalen verschlungene R zum Akzent. Die Touristen kamen wieder. Weil New York sicher war und reich, zogen Firmen zurück in die Stadt, die sie vor Jahren verlassen hatten. Rationalität und Gesetz hatten die Herrschaft der Dschungelinstinkte ausgehebelt.

Giuliani hatte sein Amt mit dem Versprechen angetreten, die Lebensqualität in der Stadt zu heben, die Gewerbesteuer zu senken, härter gegen das Verbrechen vorzugehen und städtische Dienstleistungen, zum Beispiel die Krankenhäuser, zu privatisieren. Er konnte sich der Unterstützung der Geschäftsleute sicher sein, die in privat organisierten *Business Improvement Districts* Aufgaben wie die Straßenreinigung vor ihren Geschäften und Büros sowieso schon selbst in die Hand genommen hatten und auch eigene Sicherheitsdienste beschäftigten. Mit der Sauberkeit stiegen der Wert des Grundbesitzes in Manhattan und damit die Mieten, und auch die Hotels verzeichneten Rekordumsätze. Doch als die Business Improvement Districts, die einen Teil ihres Budgets vom Kämmerer der Stadt bezogen, zu mächtig zu werden drohten, ließ Giuliani den Geldfluß austrocknen. Er teilte nicht gern, vor allem nicht die Macht, und schon gar nicht die Anerkennung für die Auferstehung New Yorks.

Etwa zeitgleich krempelte der Polizeichef William J. Bratton, der sehr zum Ärger von Giuliani fast ebenso berühmt wurde wie er selbst, seine Behörde um. Bratton war sich mit Giuliani darin einig, daß Bagatellvergehen streng verfolgt werden müßten. Bettler in der U-Bahn, Trinker am Straßenrand, Feuerwerkshändler in Chinatown, Kleindealer, Graffitikünstler und T-Shirt-Verkäufer ohne Lizenz machten bittere Zeiten durch. Heute ist die Verbrechensstatistik auf den Stand von 1960 gefallen. Das Symbol der Giuliani-Ära wurde der sanierte Times Square, wo restaurierte Theaterpaläste und harmlose Familienunterhaltung das Geschäft mit der Lust abgelöst haben. Drogenhandel, Pornoläden und Sexclubs verschwanden ebenso wie die Obdachlosen, Süchtigen und Verrückten (die in Queens wieder auftauchten). Die Gegend zwischen Times Square, dem Bahnhof Grand Central Station und Bryant Park, bis Mitte der neunziger Jahre ein berüchtigtes Mahnmal städtischen Verfalls, ist seit damals so sicher geworden, daß Mütter mit Kleinkindern sich auf Straßenbänken sonnen, abends im Park ein Freilichtkino die Zuschauer anzieht und das Magazin *The New Yorker* dort im Frühling Dichterlesungen vor mehreren tausend Zuhörern veranstaltet.

Weil die Polizei ihr Image, das immer verbesserungsbedürftig war, im Verlauf der Aufräumarbeiten fast vollständig demolierte (und Amnesty International Mitte der neunziger Jahre einen Bericht über ihre unverhältnismäßige Brutalität vorlegte), startete der nächste Polizeichef eine Sympathiekampagne. *Respekt entwickeln* hieß das Motto, das sich vor allem an die Beamten richtete. Es wurde nicht gehört. Zweitausenddreihundertvierundzwanzig Beschwerden wurden im Jahr 1999 gegen die Polizei eingereicht, hauptsächlich aus den schwarzen, hispanischen und chinesischen Vierteln; das ist die höchste Zahl, die je verzeichnet wurde. Handgemenge am Tatort von Parkvergehen, rassische Diskriminierung bei Razzien und Verkehrskontrollen und schwere Prügeleien bei Festnahmen waren Routine geworden, von der es immer wieder hieß, sie solle endlich gebrochen werden. Doch statt dessen machten erschütternde Skandale Schlagzeilen, etwa um Abner Louima, der in einer Reviertoilette brutal mißbraucht, oder um Amadou Diallo, der von einundvierzig Kugeln aus Polizeirevolvern durchsiebt wurde, bevor die Beamten feststellten, daß er unbewaffnet war. Im Frühjahr 2002 wurde die berüchtigte Einheit von Zivilbeamten, die für Diallos Tod verantwortlich war, aufgelöst.

1999 führte die *U. S. Civil Rights Commission* eine offizielle Untersuchung über das Verhalten der New Yorker Polizei durch, und allein in jenem Jahr zahlte die Stadt in zahllosen Prozessen und Vergleichen vierzig Millionen Dollar Schadenersatz an die Opfer brutaler Polizisten. Der Polizeichef aber versuchte, mit Streifenwagen in neuem Design und dunkleren Uniformhemden, auf denen Kaffeeflecken weniger auffielen als auf den traditionell pastellfarbenen, das Image der Ordnungshüter aufzumöbeln.

Investitionen ganz anderer Art forderten die Kritiker Giulianis. Denn außer in Midtown Manhattan, wo Unterhaltungskonzerne das einst verwahrloste Gebiet um den Times Square unter sich aufgeteilt und einen Bauboom ausgelöst haben, bröselt New York an vielen Ecken. Am schlimmsten trifft es die öffentlichen Schulen. Viele wurden um die Wende vom neunzehnten ins zwanzigste Jahrhundert gebaut, als die Immigranten aus aller Welt ihren Nachkommen wahrhafte Tempel des Lernens errichteten, so solide gebaut, daß es in den siebziger Jahren zu teuer war, einige von ihnen abzureißen. Manche wurden unter Denkmalschutz gestellt; unterhalten oder renoviert wurden sie nicht. Am Ende von Giulianis erster Amtszeit im Jahr 1997 wurde geschätzt, daß die Instandsetzung der städtischen Schulen New Yorks etwa fünfundzwanzig Milliarden Dollar kosten würde, und ein Jahr später hieß es, um New Yorks U-Bahnen, Brücken und Wasserleitungen funktionstüchtig zu halten, seien weitere siebzig Milliarden Dollar nötig.

Das New Yorker Klima strapaziert alle Bauten der Stadt, je höher sie sind, desto mehr. Im Herbst trifft sie der Nordwest-Wind, der jeden Regentropfen in Wände und Mörtel treibt, und im Sommer, wenn der Wind auf Südwest wechselt, trocknet all das und wird rissig. Ein Großteil der Stadt, wie sie sich heute präsentiert, entstand im frühen zwanzigsten Jahrhundert, als die Stahlrahmenarchitektur noch in den Kinderschuhen steckte. Heute ächzen diese Gebäude, die nahezu alle Stadtteile zumindest teilweise prägen, unter Altersschwäche. Deshalb sieht man in New York in guten Zeiten ein Baugerüst am anderen. In den letzten Jahren der Giuliani-Zeit waren manche Straßenblöcke vollständig zur Renovierung hinter Auffangnetzen und Holzverkleidungen verschwunden. Diese Gerüste bedeuteten einerseits, daß die Stadt prosperierte. Andererseits, daß sie auseinanderfiel.

Auch die Brücken über Hudson und East River sind in gefährlich brüchigem Zustand. In der großen Finanzkrise in den siebziger und achtziger Jahren des vergangenen Jahrhunderts wurden notwendige Wartungs- und Reparaturarbeiten vollständig eingestellt und manche Brücken zeitweise für den Verkehr geschlossen. Inzwischen sind an einigen der großen Überquerungen des East River die Fahrbahnen wieder soweit hergestellt, daß keine unmittelbare Einsturzgefahr mehr droht. Aber

Teile der Landungsbrücken in Sunset Park in Brooklyn, an denen schon lange keine Schiffe mehr anlegen, sind verrostet in die Bucht gefallen.

Wer in New York stolpert, weil er nach oben schaut, wo die Häuser enden, statt nach unten, wo der Aspalt bricht, wurde lange Zeit von der Stadt entschädigt. Erst seit 1979 verhindert das sogenannte *pothole law*, daß die Stadt für Verletzungen haftbar gemacht wird, die sich Fußgänger beim Fall in Schlaglöcher auf dem Bürgersteig zuziehen. Seitdem muß die Stadtverwaltung nur noch Schadenersatz zahlen, wenn sie von den Schäden gewußt und nichts unternommen hatte. Für Kartographen gibt es jetzt einiges zu tun. Von der New Yorker Klägervereinigung auf Tour geschickt, notieren sie auf einem minutiösen Plan aller Straßen und Wege jeden Riß im Asphalt. Fünfhundertsiebenundfünfzig Millionen Dollar kosteten die Schlaglöcher New York im vergangenen Jahr allein an Schadenersatzforderungen, und es ist schwer zu entscheiden, ob sich darin allein der Zustand der Bürgersteige spiegelt oder auch die Raffgier der Bürger.

Am Ende des zwanzigsten Jahrhunderts zählte eine Zeitung sechshundert Wasserrohrbrüche jährlich, in deren Folge immer wieder U-Bahn-Stationen und Straßenkreuzungen überflutet werden. Sie erinnern die New Yorker mehrmals täglich und regelmäßig dramatisch daran, daß die neuntausendsiebenhundert Kilometer Wasserrohr ihren hundertsten Jahrestag lange hinter sich haben. Weil niemand jemals damit gerechnet hatte, daß auch New York altern könnte, ist der Zeitpunkt für die Sanierung längst überschritten. Henry James nannte New York einmal die *provisorische Stadt*; im Notfall wird gewerkelt, an Brücken, Straßen und Rohren, an den architektonischen Denkmälern und Wahrzeichen, notdürftig meistens und mit keinerlei Interesse an der Ewigkeit. Gälte hier die Deutsche Industrie-Norm, wäre New York gesperrt.

Alle paar Jahrzehnte veröffentlicht die *Regional Plan Association*, eine unabhängige Gruppe von Stadtplanern, eine Empfehlungsliste für die dringendsten Aufgaben der kommenden Dekaden. Sie tat dies 1929, 1968 und wieder 1996. An der Spitze der vorläufig letzten Liste standen Maßnahmen zur Verbesserung der Infrastruktur, vor allem des Schienenverkehrs, der Manhattan endlich mit den drei Flughäfen La Guardia, John F. Kennedy und Newark verbinden soll. Auch einen weiteren Tunnel unter dem Hudson und die Fertigstellung des U-Bahn-Netzes hielten die Planer für unabdingbar, wenn New York wettbewerbsfähig bleiben wollte. Die ausufernden Vorschläge für das gesamte Stadtgebiet und seine Vorstädte, mit detaillierten Studien zur Verkehrsanbindung der metastasierenden Industriezentren außerhalb der Stadtgrenzen, Wasserschutzprojekten, Erziehungsprogrammen und Besteuerungsideen, zeigt eine im einzelnen bedenkenswerte technokratische Vision, der viel Beifall, aber keine Taten folgten. Sie wird mit Sicherheit niemals Wirklichkeit werden.

New York entwickelte sich immer aus dem Chaos, und auch wenn Giuliani Ordnung schaffte, hat sich daran nicht wirklich etwas geändert. Immer definierte sich die Stadt dadurch, symbolisch allen Grenzen zu trotzen und für jeden alles sein zu können. Sie beherbergt den unverschämtesten Kommerz und die erhabenste Kunst der Welt, viele der höchsten Gebäude und die winzigsten Wohnungen, und auch die Ärmsten und die Reichsten. Das ist so geblieben, über die Regierungszeit Giulianis hinaus.

Die Ergebnisse der Volkszählung 2000 bestätigen hingegen, wie sehr sich New York in anderer Hinsicht verändert hat. Zum ersten Mal erfaßten die Volkszähler mehr als acht Millionen Menschen in der Metropole. Obwohl die Abwanderung in die Vorstädte anhielt, zogen erstmals wieder mehr Menschen nach New York als von hier aufs Land. Das war ein Grund zum Feiern, denn seit den fünfziger Jahren hatte die Einwohnerzahl beständig abgenommen. Schwache Anzeichen einer Wende gab es zwar schon in den achtziger Jahren. Aber erst im letzten Jahrzehnt erholte sich die Stadt. New York sei gewachsen, weil man hier wieder besser leben könne, verkündete der stolze Bürgermeister im Frühjahr 2001: »New York geht es gut.« Viele Gründe, die Stadt zu verlassen – vor allem die Angst vor der Kriminalität und die hohen Steuern –, seien in den Jahren seiner Regierung Makulatur geworden.

Was die Steuern betrifft, war das nicht ganz ehrlich. Denn Giuliani half zwar dem Hotelgewerbe durch die Verminderung der Belegungssteuer und senkte hier und da einige Bagatellabgaben, doch im großen und ganzen ließ er das ausufernde Besteuerungssystem unangetastet. New York erhebt auf alles Steuern, auf den Besitz von Grund und Boden und auf den Verkauf von Grund und Boden, auf die Aufnahme eines Kredits für den Erwerb von Grund und Boden und auf Büromieten. Es gibt eine städtische Einkommenssteuer, eine Versorgungssteuer, eine astronomische Mehrwertsteuer, drei verschiedene Steuern für Autobesitzer, eine allgemeine Unternehmenssteuer, eine zusätzliche Unternehmenssteuer für Banken und eine Steuer für kleine Handelsunternehmen. Doch weil New York unter Giuliani zurückgekehrt war ins Zentrum der westlichen Welt, schienen alle Kosten gerechtfertigt.

Vor allem unter Künstlern und Schriftstellern rührte sich aber auch ein Unbehagen, als sei diese Wiederkehr aus dem Abgrund auch ein Verlust. Viele empfanden eine Nivellierung im Mittelmaß und im Gewöhnlichen und fürchteten, daß die Glücksmöglichkeiten, von denen so viele Bücher künden, ein bißchen kleiner geworden seien, wie eben auch die Gefahren. Das klang, vor allem mit Blick auf die halbierte Zahl der Mordopfer, in ihren eigenen Ohren ein wenig frivol. Die Ahnung aber, daß selbst in New York jetzt die meisten Sehnsüchte auf geldwerte Vorteile zielten und die wesentliche Antriebskraft in der prosperierenden Stadt die Gier nach Wohlstand war, die jede Idee, jede Innovation sofort dem Mainstream ins Maul warf, ließ sie daran zweifeln, ob New York unter Giuliani immer noch die Einzige und die ganz Andere unter Amerikas Städten sei.

Bereits vor den Terroranschlägen des 11. September gab es Anzeichen dafür, daß das New York, auf das Giuliani so stolz war, bald Vergangenheit sein würde. Das hatte vor allem wirtschaftliche Gründe. Die Stadt war, seit große Teile der Manufakturbetriebe in den fünfziger Jahren ihre Tore schlossen, nahezu vollständig abhängig von den Bewegungen an der Wall Street. Jeder Aufschwung bedeutet Geld für New York, jeder Niedergang gefährdet die gesamte Stadt. Der sogenannte *Fire*-Sektor – für *finance, insurance, real estate* – macht mehr als die Hälfte der städtischen Wirtschaft aus, und an ihm hängt fast das gesamte Dienstleistungsgewerbe, seien es die Restaurants und Taxibetriebe oder die Anwälte und Steuerberater. Giuliani prahlte damit, als erster Bürgermeister seit Jahrzehnten die Ökonomie New Yorks diversifiziert zu haben, und verwies auf Silicon Alley, ein paar Straßen in den südlichen Stadtteilen Soho und Tribeca, an denen sich zahlreiche Internetfirmen niedergelassen und einige Jahre lang hervorragende Geschäfte gemacht hatten. Daß sie zum großen Teil nur Schimären waren, die mit dem Platzen der Aktienblase ebenfalls verschwinden würden, hatte Giuliani nicht erwartet. Die sinkenden Steuereinnahmen hatten für Giulianis Nachfolger Michael Bloomberg ein Defizit von annähernd fünf Milliarden Dollar im Stadtbudget zur Folge, das, wieder einmal, nur mit einer gravierenden Einschränkung der städtischen Dienstleistungen in Schach gehalten werden kann. All dies galt, schon bevor der Süden Manhattans in Trümmern lag.

Die Volkszählung, die so deutlich zu sagen schien, daß die Zukunft in New York liegt, enthüllte auch Probleme. So steckt hinter der steigenden Bevölkerungszahl die Transformation ganzer Stadtteile, die vom politischen Establishment bisher weitgehend ignoriert wird: New York ist in seiner rassischen und ethnischen Zusammensetzung noch vielfältiger geworden als ohnehin vermutet; vierzig Prozent der New Yorker sind außerhalb der Vereinigten Staaten geboren. Das ist der höchste Anteil seit 1910.

Die Schwarzen, unter ihnen viele Immigranten, machen nach wie vor etwa ein Viertel aus. Jeder zehnte New Yorker kommt aus Asien. Die Bronx ist fast zur Hälfte hispanisch, Teile von Queens zu Zweidritteln. Was das im einzelnen bedeutet, weiß niemand genau. Noch in den siebziger und achtziger Jahren schien die grobe Unterscheidung zwischen schwarz und weiß unproblematisch, weil sich getreu dem Ideal der Assimilation im Schmelztiegel alle aufeinander und auf dieselbe angloamerikanische Kultur bezogen. Heute gibt es in vielen Vierteln kaum noch jemanden, der diese repräsentieren könnte. Neuankömmlinge stoßen auf eine polyglotte Gemeinschaft, die mit schwarz, weiß und hispanisch nur mehr sehr ungenau beschrieben ist. Die rassischen Minoritäten bilden keine kulturellen Monolithen mehr. Und Immigranten identifizieren sich weniger an rassischer oder ethnischer Zugehörigkeit als an Werten des wirtschaftlichen Aufstiegs.

Gleichzeitig bleibt die Stadt segregiert. So stieg das Durchschnittseinkommen der Bewohner Manhattans in den neunziger Jahren um mehr als zwölf Prozent, während es in den anderen vier Stadtteilen deutlich mit bis zu zehn Prozent fiel. Der Blick der Welt und vieler New Yorker aber sieht, wenn er sich auf New York richtet, Manhattan. Es galt daher lange als selbstverständlich, daß in den Giuliani-Jahren der jämmerliche Zustand der öffentlichen Schulen in Brooklyn, Queens und in der Bronx weniger zählte als die Sicherheit im Central Park.

Selbst unter den Bürgern Manhattans, die am meisten von ihm hatten, begegnete Giuliani schließlich Protest. Die Einwände gegen seine Politik galten der von ihm unterstützten Kommerzialisierung ganzer Stadtteile und dem vom Rathaus initiierten Niedergang des Nachtlebens. Vor allem in jenen Vierteln im Süden, in denen Anatole Broyard in den Jahren nach dem Zweiten Weltkrieg noch »ein großes Lächeln in der düsteren Geschichte der Stadt« entdeckt hatte, erhoben Bürgerinitiativen ihre Stimme. Dort waren einst alle *verrückt nach Kafka*, wie es der Titel seines autobiographischen Berichts über diese Zeit nahelegt. Heute beschweren sich die Bewohner Sohos, daß sie vor ihrer Haustür zum Frühstück zwar Schuhe kaufen könnten, aber keine Milch mehr und keine Bagels, von Zeitschriften und Büchern zu schweigen. Protest kam auch von Künstlern und Intellektuellen und galt Giulianis Bemühungen, die Museen zu gängeln, wenn sie ausstellten, was seinem katholischen Empfinden zuwiderlief. Und der Protest richtete sich gegen die hemdsärmeligen Methoden privater Sicherheitsdienste, die zum Beispiel in der Gegend von Grand Central Station als Ersatzpolizei agierten und Penner und Süchtige mit Gewalt dahin vertrieben, wo sie das Stadtbild nicht störten.

Alle Kritik an Giuliani erlosch nach den terroristischen Anschlägen. Weil er nach der Katastrophe allgegenwärtig war, weil er immer den richtigen Ton fand, mitfühlend, aber nicht sentimental, entschlossen, aber ohne den harschen autoritären Ton, der ihm über all die Jahre seiner Amtszeit eigen war, wurde er für eine Weile nicht nur respektiert, sondern verehrt. Er sprach nicht von Amerika, nicht von Rache und nicht von Gott. Aber er sagte als erster, daß von vielen Opfern nicht einmal Asche geblieben ist. Giuliani war stolz darauf, daß New York nach acht Jahren mit ihm als Bürgermeister sich eine der sichersten Städte Amerikas nennen konnte, in der die Verbrechensrate immer weiter fiel. Niemand hat ihn dafür geliebt. New Yorker erwarten von ihrem Bürgermeister nicht so sehr, daß er regiert, als daß er ihre Stadt verkörpere. Dies gelang Giuliani erst in den Wochen nach dem 11. September 2001, als New York um mehr Tote trauerte, als die jährliche Mordstatistik sie je gezählt hatte.

Die Stille

Der polnische Einwanderer Henryk Siwiak lebte nicht lange in New York. Im Frühjahr 2000 hatte er in Krakau seine Arbeit als Bauarbeiter verloren, kurz darauf hatte er sich auf den Weg gemacht. Seine Schwester war schon seit ein paar Jahren hier und überließ ihm ein Zimmer in ihrer Wohnung in Queens. Siwiak war sechsundvierzig Jahre alt und seine Englischkenntnisse waren schwach. Er schlug sich mit Gelegenheitsarbeiten durch. Am 11. September 2001 sollte er in einem weit entfernt gelegenen Supermarkt putzen. In Queens nahm er die Untergrundbahn nach Brooklyn in das Gebiet von Bedford-Stuyvesant, eine gefährliche Ecke, was Henryk Siwiak wahrscheinlich nicht gewußt hat. In der Nähe der U-Bahn-Station fand man ihn in der Nacht: ermordet, mit einer Kugel in der Brust. Um ihn herum lagen die Hülsen fünf weiterer Patronen verstreut.

Niemand kann sagen, was vorgefallen ist. Siwiak hatte sein Portemonnaie in der Tasche. Er hatte seine Armeejacke noch an, auch seine Schuhe. Spuren eines Kampfes fanden sich nicht. Es gab keine Zeugen, keine Verdächtigen und kein Motiv. Sicher ist allein, daß Henryk Siwiak das einzige Mordopfer jenes Tages in New York war. Das einzige normale, heißt das, neben denen, die bei den terroristischen Anschlägen auf das World Trade Center getötet wurden. Siwiak war das einzige Opfer, mit dem die Stadt am 11. September rechnen mußte.

Annähernd dreitausend Menschen wurden an diesem Tag in New York getötet, und die Stadt, so sagte man, sei tief verwundet worden. Das ist eine kluge Metapher, weil sie auf einen Organismus deutet, der als Ganzer auf ein entsetzliches Ereignis in einem seiner Teile reagieren muß, schnell und logistisch komplex. In den ersten Tagen sah es so aus, als werde das nicht gelingen und als werde die Stadt ihren Toten hinterhersterben. Es lag eine große Stille über New York, trotz der Sirenen. Die Altäre und Mahnmale, die überall entstanden, die grauen Gesichter schienen sich dem Tod zuzulehnen, und im Süden der Stadt gab es unter der Staubdecke keine Fläche mehr, in der sich das Sonnenlicht hätte spiegeln können. Alle Scheiben waren blind, jeder Marmor stumpf. Aus der giftigen Wolke, die viele Wochen lang über den Süden Manhattans driftete, ragte die Spitze des Woolworth Building heraus. Es wurde, als gotische Kathedrale des Kommerzes, 1913 vollendet. Sie ist zweihunderteinundvierzig Meter hoch. Sie hat sechzig Stockwerke und ist eines der schönsten Hochhäuser New Yorks. Nach der Zerstörung der Zwillingstürme ist sie auch wieder eines der höchsten.

New York war plötzlich eine alte Stadt. Unter strahlendem Himmel stank die Luft. In der gesperrten Zone um Ground Zero wußte jeder, daß er auf einem Massengrab stand. Am Anfang sagte sich das schwer. Alles werde anders werden, hieß es, später dann, die Normalität sei zurückgekehrt. Die Katastrophe bekam das Brandzeichen nine-eleven, kurz 9/11. Das ist seitdem die Marke, unter deren Dach mit Mythen gehandelt wird und sich alles verkaufen läßt, die polititsche Entscheidung wie der Kaffeebecher. New York ist eine funktionierende Stadt geblieben. Aber sie funktioniert heute anders als zu anderen Zeiten. Die Logistik hat sich verändert, Funktionen sind hin- und hergeschoben, Versorgungskanäle sind umgeleitet, Zugangswege neu gelegt worden. Die Stadt lebt im Übergang und kümmert sich um die Pfeiler ihrer Existenz – um den Transport, die Immobilien und den Müll.

Das Wasser

Im Morgengrauen, wenn der Himmel das erste Licht verströmt, und abends, kurz bevor er sich verdunkelt, liegt New York da wie die Stadt der Erleuchtung. Nur das Wasser, das sie umgibt und durchfließt, bleibt undurchdringlich schwarz. Meer und Flüsse werfen das Licht zurück auf die Häuser aus Stein und Stahl und halten nur ein Flirren über ihrer Oberfläche fest, um die gleißenden Türme zu spiegeln, bis die Stadt glüht, am Morgen feurig und gefährlich, abends mild. New York ist eine Wasserstadt.

Zweitausendundsiebenundzwanzig Brücken spannen sich über Flüsse und Buchten, von denen der Archipel umgeben ist, über Straßen, Wege und Senken, Brücken für Fußgänger und Züge, für Lastwagen und Autos. Tunnel unter dem Hudson führen von New Jersey nach New York, Tunnel unter dem East River von Manhattan nach Queens, Brücken über den Harlem River verbinden Manhattan mit der Bronx, über die Bucht spannt sich eine Brücke von Brooklyn nach Staten Island, und gleich drei führen von dort nach New Jersey. Mit der Fähre kommt man von Manhattan zum Pendlerterminal auf dem Inlandsflughafen La Guardia, von New Jersey in den Finanzbezirk oder zu den Landungsbrücken an der vierunddreißigsten Straße, einige Häuserblöcke nur entfernt vom Bahnhof Penn Station. Nach den Terroranschlägen wurden diese Wasserwege gesperrt. Das Hafengebiet von New York und New Jersey beherbergt den größten Containerhafen an

der amerikanischen Ostküste und einen entscheidenden Teil des Treibstoffvorrats des Landes. Der Hafen gäbe, so die Befürchtung der Küstenwache, ein reizvolles Ziel für weitere terroristische Angriffe ab. Jede Explosion hier garantiert dramatische Feuersbrünste. Die Küstenwache hörte nach dem 11. September für einige Zeit auf, ein- und auslaufende Schiffe auf ihre Seetauglichkeit zu prüfen, und stellte ihre Kontrollen von Umweltverträglichkeit ein. Sie konzentrierte alle Mittel auf die Sicherheit.

Es dauerte nur wenige Tage, bis der Hafen wieder funktionsfähig war. Die Fährverbindungen wurden in den folgenden Wochen und Monaten zu den wichtigsten Verkehrswegen, vor allem für die Pendler, die von New Jersey ins südliche Manhattan strömten, und später auch für die, die von der Wall Street zum World Financial Center gelangen wollten. Schon seit vielen Jahren gab es immer wieder Vorschläge, die Wasserwege besser auszunutzen, um die Straßen zu entlasten, jetzt wurden plötzlich kurzfristig die lange verschobenen Entscheidungen getroffen. Man wolle sich das Hafengebiet wieder aneignen, sagten der Gouverneur und der Bürgermeister, und erweiterten den Fahrplan für die Fähren zwischen New Jersey und Manhattan, so daß mehr als sechzigtausend Personen täglich befördert werden können. Vor allem aber richteten sie einen Fährdienst ein, der von der Wall Street um die Südspitze Manhattans herumschippert. Er verbindet den Finanzbezirk mit dem World Financial Center, das im Frühjahr 2002 wieder bezogen wurde und schlecht erreichbar ist. Zwischen der Wall Street und den Gebäuden des World Financial Center liegt Ground Zero. Für die U-Bahnen gibt es keine Verbindung mehr.

Nichts in New York bleibt jemals unwidersprochen, und so fanden sich schnell Gegner der neuen Beförderungswege. Hatte nicht eine Fährgesellschaft mit exzellenten politischen Verbindungen eines Nachts im Yachthafen North Cove an der Promenade von Battery Park City in Manhattan die Schwimmdocks wegschleppen lassen, um Platz zu machen für die Fährschiffe, die hier statt der Segelyachten in Zukunft anlegen sollen? Was war mit dem alten Hafenmeister geschehen, den niemand seit den Anschlägen auf das nahegelegene World Trade Center mehr gesehen hatte? War dem Betreiber der Fährgesellschaft zu trauen, der versicherte, er brauche für sein erweitertes Geschäft nur einen kleinen Teil des Segelhafens, und auch dies nur vorübergehend? Die Anwohner glauben, nein. Dieselgestank und Motorenlärm ist das letzte, was sie in dieser Gegend unmittelbar jenseits von Ground Zero ertragen wollen. Noch immer ist ungeklärt, wie verpestet die Luft nach dem Zusammenbruch der Zwillingstürme tatsächlich ist und ob aus den Ritzen und Fugen, dem Mörtel und den Tapeten ihrer Wohnungen, die wochenlang unter Staub lagen, langsam und beständig die Schadstoffe ausströmen, die sie husten und um das Wohl ihrer Kinder bangen lassen.

Den Seefahrern ersetzten die Türme des World Trade Center den Radar. Unterwegs auf Kill van Kull durch die obere New York Bay in Richtung Bowery, zeigte die Lücke zwischen den

Türmen an, daß sie sich bei 25° Nord/Nordost genau in der Mitte des Ambrose-Kanals befanden. Kill van Kull ist eine der meistbefahrenen Wasserstraßen im Hafenbecken von New York. Ungefähr dreihundert Meter breit und fünf Kilometer lang, öffnet sie sich zwischen Staten Island und Bayonne in New Jersey und verbindet die obere New York Bay mit der Newark Bay. Schwere Öltanker und Containerschiffe laufen über Kill van Kull in die Häfen von Newark und Elizabeth in New Jersey ein; nach New York kommen, seit sein Hafen kommerziell kaum noch von Bedeutung ist, inzwischen vor allem Segelboote und Kreuzfahrtschiffe. Es war eine der vornehmsten und eine der unvorhergesehenen Nutzungen der Zwillingstürme, daß sie als Navigationshilfe der Schiffahrt dienten. Die symbolische Pointe, daß es der Raum zwischen ihnen war, den die Seefahrer so nützlich fanden, erschloß sich vollends erst, als das World Trade Center längst nicht mehr da war. Im Frühjahr nach den Anschlägen ersetzten über Ground Zero zwei Lichttürme die gefallenen Bauten, und man gab sich der Täuschung hin, daß sich die beiden Strahlensäulen scheinbar gar nicht weit über der Stadt vereinigten, wie es parallele Linien im Unendlichen tun. Doch nicht ihr Zusammenschießen am Firmament erschien als Illusion, sondern die Lücke zwischen ihnen, bevor sie sich trafen.

New York wurde die Hauptstadt der Welt, weil der Hafen, der größte natürliche Hafen an der nordamerikanischen Ostküste, einmal der wichtigste in Amerika war – auf diese Erklärung, warum New York als Metropole Boston, Philadelphia und jede andere Stadt mit Zugang zum Atlantik ausstach, haben sich die Historiker seit langem geeinigt. Überzeugender sind die Argumente von Jane Jacobs in ihrem Buch *The Economy of Cities*, in dem sie erklärt, warum manche Städte wachsen und andere nicht. Für sie sind es die Vielfalt der wirtschaftlichen Nutzung eines Gebiets statt einer ökonomischen Monokultur, Improvisation und die Rivalität verschiedener mächtiger Gruppen, die Städte zum Erblühen bringen, nicht strategische Planung und das autoritäre Handeln einer herrschenden Klasse. Zwar wurde der Aufstieg New Yorks zweifellos von seiner Lage begünstigt. Den Vorsprung vor anderen Städten aber verdankt die Stadt der Regellosigkeit. New York ist, dem säuberlich gerasterten Plan seiner Straßen zum Trotz, ein chaotischer Ort, und die Unordnung wuchs von Anfang an auf polyglottem Boden.

Zuerst kamen die Holländer, und mit ihnen Hugenotten, Deutsche, Engländer, Juden und natürlich Sklaven aus Afrika. Bereits 1643 war *New Amsterdam* die bunteste Kolonie in der Neuen Welt, und ein französischer Jesuit zählte achtzehn Sprachen, in denen sich die etwa fünfhundert Siedler verständigten. Etwas mehr als dreihundertfünfzig Jahre später, im Jahr 1995, bemühte sich Papst Johannes Paul II. bei seinem Besuch in New York, in seinen Gottesdiensten und beim großen Segen im Central Park vor hundertdreißigtausend Menschen, die annähernd sechzig Sprachen zu ihrem Recht kommen zu lassen, die inzwischen unter ihnen gesprochen werden. Und zu Beginn seiner Amtszeit im Januar 2002 wurde Bürgermeister Michael Bloomberg nicht nur vielsprachig, sondern auch multireligiös gesegnet. Zuerst betete Iman Izak-El Muéed Pasha, dann Rabbi Josef Polasnik, und schließlich Kardinal Egan, und dieser zur Hälfte auf spanisch.

Mitte des siebzehnten Jahrhunderts besetzten die Briten New York, aber obwohl sie hundertfünfzig Jahre später dreiviertel der Bewohner stellten, blieb ihr kultureller Einfluß nur einer, und keineswegs der wichtigste, unter anderen. Sie wurden offenbar niemals richtig heimisch hier; in überproportionaler Zahl belegten sie die Kerker und Gefängnisse, die Armenhäuser und Irrenanstalten.

New York war also von Beginn an die Stadt der Außenseiter. Noch heute trifft man, wenn man an einem strahlenden Tag, wie sie in New York die Regel sind, auf die Straße tritt, die ganze Welt. Es gibt nicht mehr viele Hugenotten, nicht alle Schwarzen schauen auf einen Stammbaum von Sklaven zurück, und die Asiaten und Latinos haben die Europäer in ihrer Zahl längst übertroffen. Grundsätzlich aber hat sich nichts verändert: Die, die nichts haben, kommen, um das zu ändern. Wer schon etwas hat, kommt nach New York, um seinen Besitz zu mehren. Wen der Besitz nicht interessiert, der kommt, wie die Essayistin Joan Didion einmal schrieb, um einem anderen Ort zu entfliehen, an dem ihn alle zu kennen meinen.

Daß sich der Hafen der Stadt Ende des siebzehnten Jahrhunderts den Piraten öffnete, kann niemanden erstaunen, der Jane Jacobs in ihrer Chaostheorie der Stadtentwicklung folgt. New York wuchs auch, weil das Verbrechen blühte. Zwar erlangte der Hafen für die Piraterie nicht die gleiche Bedeutung wie

etwa Port Royale auf Jamaica, aber unter dem Gouverneur Fletcher schmuggelten die New Yorker Händler ungestört ihre Waren zu den Westindischen Inseln.

Unter all den Piraten und Korsaren New Yorks machte Captain William Kidd die bemerkenswerteste Karriere. Er kam aus Schottland und hatte als staatlich autorisierter Pirat 1688 im Krieg zwischen England und Frankreich gedient. Seine Mannschaft war ihm nicht treu, und nach allerlei Turbulenzen landete er gerade rechtzeitig in New York, um Jacob Leisler entmachten zu helfen, einen deutschen Milizkapitän, der angeblich im Auftrag von König William III. die New Yorker Regierung besetzt hielt. Der König aber stellte sich bald gegen Leisler. Kidd, im Verein mit so mächtigen New Yorkern wie

Robert Livingston, half ihm, den abtrünnigen Deutschen an den Galgen zu bringen. Livingston, ein Schotte wie Kidd, war über Boston und Albany nach New York gekommen, machte auf nicht ganz nachvollziehbarem Weg ein Vermögen und gründete eine Dynastie, aus der Verfassungsrichter, Kongreßabgeordnete und Gouverneure hervorgingen. Er sorgte dafür, daß Kidd in die New Yorker Gesellschaft aufstieg, die erfolgreiche Männer aus jeder Branche willkommen hieß. Kidd heiratete eine reiche Witwe, kaufte sich in die Trinity Church ein und wäre wahrscheinlich als respektierter Bürger in die Stadtgeschichte eingegangenen, wäre er nicht wieder zur See gefahren. Er fuhr aus, wie es heißt im Auftrag von König William III. persönlich, um Piratenschiffe zu entführen und ihre Fracht in New York zu verkaufen. Statt dessen wurde er selbst wieder Pirat und endete in England am Strick. Noch heute liest man immer wieder einmal von Schatzsuchern, die im Indischen Ozean oder in der Bucht von New York nach seinen Reichtümern tauchen, deren Versteck auch die Aussicht auf den Tod am Galgen ihm nicht entlocken konnte. Der Nachfolger des Gouverneurs von New York und Massachusetts übrigens, der Kidd zu Fall brachte, war ein Vetter von Königin Anne, der Thronfolgerin von William III. Er hieß Lord Cornbury und war ein Transvestit, der es liebte, als seine berühmte Cousine verkleidet in der Öffentlichkeit aufzutreten. So will es jedenfalls die Überlieferung. Neue Forschungen sprechen hingegen davon, daß Cornbury Opfer einer Rufmordkampagne wurde. Wie dem auch sei, er blieb nicht lange im Amt. Doch aus der Legende seiner modischen Vorlieben wuchs eine Tradition, die jahrhundertelang brachlag, bis Rudolph Giuliani sie in seinen Amtsjahren als Bürgermeister wiederbelebte. Zum jährlichen Pressefest, bei dem die Gäste eine Bühnenvorstellung des Bürgermeisters erwarten, kam dieser bevorzugt unter blonder Perücke und auf Stöckelschuhen.

Seit seinen frühen Jahren empfing New York Abenteurer aller Art und bot jedem Exzentriker eine Bühne. Kriminelle Machenschaften und Korruption blieben Konstanten in der Geschichte der Stadt, die sich in den achtziger Jahren des zwanzigsten Jahrhunderts im Kunsthandel, in den neunzigern in der Modewelt, gestern in Chinatown und heute in East New York oder Brighton Beach offenbaren. Nur Little Italy, der Stadtteil, in dem Martin Scorsese und Francis Coppola ihre Geschichten von der Mafia fanden und in ihren Filmen für nachfolgende Generationen konservierten, ist inzwischen fast ohne Tadel und vollends zur touristischen Kulisse erstarrt.

Little Italy verlor seinen letzten Paten 1997. Jahrelang schlurfte Vincent Gigante in Filzpantoffeln durch Greenwich Village, mit starrem Blick, ein wenig sabbernd, tonlos ins Selbstgespräch vertieft. Den abgewetzten Bademantel hatte er nur locker über dem Schlafanzug zusammengebunden, und wäre er nicht ein stadtbekannter Gangster gewesen, hätte man ihm gern über die Straße geholfen und vielleicht den Barbier bezahlt. So aber blieb er ein wenig unheimlich, ein irrer Alter, von dem niemand mit Sicherheit sagen konnte, wie irre er tatsächlich war. Ein New Yorker Gericht entschied, daß er weit weniger verrückt war, als es in den vergangenen fünfzehn Jahren den Anschein hatte, und schickte Vincent Gigante voraussichtlich bis zum Ende seines Lebens hinter Gitter.

Gigante, wegen seiner niederschmetternden Boxerkarriere in jungen Jahren *The Chin* (Das Kinn) genannt, galt als der letzte Don von La Cosa Nostra, der italienischen Mafia, die noch vor fünfzehn Jahren New York fest im Griff hatte, die Müllabfuhr und das Baugewerbe, den Fischmarkt, die Pensionskassen der Gewerkschaften und weite Teile der Transportbetriebe. Fünf Klans teilten sich traditionell das Geschäft, mit den Familien der Gambino und Genovese als den mächtigsten unter ihnen. Doch seit das FBI in den achtziger Jahren begann, den Mob zu infiltrieren, Autos, Wohnungen und Bars mit Abhörwanzen zu verseuchen und das organisierte Verbrechen strategisch zu verfolgen, verlor eine Familie nach der anderen ihren Kopf. 1986 wurde Carmine Persico, Don der Colombo-Familie, zu hundertneununddreißig Jahren Haft verurteilt, im selben Jahr Philip Rastelli, der Pate der immer etwas glücklos agierenden Familie Bonanno, zu zwölf Jahren. Rastelli starb einige Jahre später im Gefängnis. Das beste Jahr für die Behörden aber war 1992, als der Chef des Luchese-Klans, Vittorio Amuso, und die Mafia-Legende John Gotti von der Gambino-Familie jeweils lebenslängliche Haftstrafen antraten.

Nur der Klan der Genovese blieb ungeschoren. Gigante, der mutmaßliche Boß, schlich in seinen Pyjamas scheinbar selbstvergessen durch die Straßen des Village, ein harmloser Wicht oder skrupelloser Schwerverbrecher mit Schauspieltalent, der nicht zu fassen war. Jahrelang hatte Gigante auf Zeit gespielt, mit seiner irrwitzigen Vorstellung alle – auch die eigene, seine natürliche wie seine verbrecherisch assoziierte Familie – über seinen Geisteszustand im Unklaren gelassen und dabei offenbar immer noch die Geschäfte der Genovese geführt. Er hatte aus den Fehlern der anderen gelernt, die in männlicher Pose und mit harten Sprüchen in den Hinterzimmern verrauchter Bars ihre Erpressungs- und Mordbefehle in Umlauf gebracht hatten – und dabei vom FBI abgehört wurden. *The Chin* machte es anders. Die Mitglieder seiner Familie waren angehalten, seinen Namen nicht einmal zu hauchen, wenn sie seine Befehle weitergaben. Sie sollten einfach an ihr eigenes Kinn tippen, wenn von ihm die Rede war.

Zeuge der Anklage gegen Gigante wurde Salvatore Gravano, genannt *Sammy the Bull*, der bereits der wichtigste Zeuge im Prozeß gegen John Gotti gewesen war, den er einst als Vize-Don vertreten hatte. Seit damals ist Gravano der unbestrittene Star des Verrats, das höchstrangige Mafiamitglied, das je seinen Blutschwur brach und gegen seinen Boß aussagte. Neunzehn Morde hatte Gravano zum Teil auf Befehl Gottis begangen, fünf Jahre ging er dafür ins Gefängnis und danach in ein Versteck des Zeugenschutzprogramms. Inzwischen steht er wieder unter Anklage. Er hatte unter den Augen des FBI einen Drogenring betrieben, der Ecstasy für viele Millionen Dollar verschob.

Seine Aussage im Prozeß gegen Gigante, der wegen Mord, Anstiftung zum Mord und organisierter Erpressung vor Gericht gebracht wurde, räumte gründlich auf mit den Mythen des Ehrenkodex der Mafia, auf denen so viele Bücher gründen, Filme und auch die Umwandlung von Little Italy in ein Schaugelände, durchzogen von den Pfaden, auf denen seine berühmtesten Verbrecher wandelten. Es gehört zur Legende dieses Stadtteils, daß Drogen tabu waren, daß die Mafia die Bewohner des Viertels schützte und daß Mafiosi loyal blieben bis in den Tod. All dies, so Gravano vor Gericht, war niemals wahr. Die Gambino-Familie lebte vom Heroinhandel. Autobomben explodierten regelmäßig und töteten zahllose Unschuldige, und Verrat gehörte so sehr zum Alltag der Klans, daß das Überlaufen zahlreicher Mafiosi zu den Truppen der Strafbehörden in den vergangenen fünfzehn Jahren als logische Kulmination einer alten Gewohnheit gelten muß. So wurde der letzte große Prozeß gegen die New Yorker Cosa Nostra zu einem Doppelgrab, in dem neben der Macht des Genovese-Klans auch die Sentimentalität beerdigt wurde, die das Treiben der Mafia bis dahin begleitet hatte.

Bei alldem hatten die anklagenden Regierungsbehörden gegen Vincent Gigante nicht einmal einen besonders überzeugenden Fall konstruiert. Verurteilt wurde er schließlich nicht wegen Mordes, sondern wegen organisierter Erpressung und Konspiration zur Mordanstiftung. Zwölf Jahre war das Strafmaß, von denen der dreiundsiebzigjährige Gigante inzwischen vier verbüßt hat. Hartgesottene Mythologen hatten sich den Abschied der Ära der Dons, die mit Gigantes Verurteilung zu Ende ging, ein wenig spektakulärer gewünscht. Doch in dem Prozeß gegen Gigante kam nur rechtmäßig zum Ausdruck, was sich in den veränderten kriminellen Strukturen New Yorks seit langem offenbart hatte: Die Zeit von La Cosa Nostra mit ihren traditionellen Gewerben ist abgelaufen.

Noch einmal marschierten vor Gericht die alten Kämpen auf, die auf Namen wie *Fat Pete* Chiodo, *Little Al* D'Arco oder *Crazy Phil* Leonetti und natürlich *Sammy the Bull* hörten. Dreiundsechzig Morde, eine stolze Zahl vergangener Größe, wurden von dieser Zeugengruppe repräsentiert. Ein Verteidiger Gigantes bezeichnete sie daher als die »berüchtigtste Ansammlung mordender Psychopathen seit den Nürnberger Prozessen«, was ihrer Glaubwürdigkeit ebenso schadete wie der Romantik des Augenblicks.

Die organisatorischen Erben der fünf Familien arbeiten in neuen Zweigen des kriminellen Geschäfts, an der Börse, in betrügerischen Krankenversicherungen und Telefonkartenfirmen. Es sind Multimillionen-Dollargeschäfte, die hier gemacht werden, in Büros statt in den Bars. Zur Legendenbildung taugen sie kaum. Einzig ihre betrügerische Aktivität im Wettgeschäft erinnert noch an alte Zeiten. Gefährlicher und einflußreicher als La Cosa Nostra sind längst die kriminellen Ringe der Kolumbianer geworden, der Russen, der Chinesen und einiger Kleingruppen wie der Hasidim, Vietnamesen und Sikhs. Doch ganz tot ist die italienische Mafia noch nicht. Gigante führte vom Gefängnis aus offenbar die Geschäfte weiter. Im Januar 2002 wurden sieben Mitglieder seiner kriminellen Familie verhaftet, die, wie es die Staatsanwaltschaft formulierte, einen »andauernden und korrupten Einfluß auf unser Wirtschaftsleben« ausübten. Die Behörde beschlagnahmte dreißig Millionen Dollar. Dieser Erfolg stank ein bißchen nach Leichenfledderei, doch so kam Vincent Gigante noch einmal in die Schlagzeilen, der Alte im Schlafanzug mit der Macht eines Paten, der letzte Herold einer sterbenden Institution.

John Gotti wurde, nachdem er im Frühling 2002 nach langer Krankheit im Gefängnis gestorben war, als Medienstar beerdigt. Der Nachruf in der *New York Times* füllte eine ganze Zeitungsseite. Die Vorbereitungen für die Beerdigung, Größe und Form der Kränze – darunter ein Martini-Glas aus weißen Lilien –, die Entscheidung der katholischen Kirche, kein kirchliches Begräbnis zuzulassen, über all dies wurde berichtet, als sei John Gotti nicht ein gefährlicher Schwerverbrecher, sondern ein Kinoheld. Zur Beerdigung auf einem Friedhof in Queens, auf dem schon viele Grabsteine mit den Namen von Mafiosi stehen, schlängelte sich eine lange Schlange schwarzer Limousinen, wie es Coppola und viele andere in ihren Filmen immer wieder gezeigt hatten. Über ihnen kreisten Hubschrauber. In ihnen saßen die Fernsehteams, die das Begräbnis direkt übertrugen: Die Mafia in New York war überführt ins Reich der touristischen Attraktion.

Daß New York ohne Piraten, Korruption und Paten nicht geworden wäre, wofür die Stadt heute steht, heißt natürlich nicht, daß all die Männer, die mit ihrem Aufstieg verbunden sind, das Gesetz mißachteten. Es heißt nur, daß in New York der Rahmen ein wenig weiter gespannt war, in dem sich Improvisation, Phantasie und Erfindungsreichtum entfalten konnten. Sie führten zu so erstaunlichen Erfolgen, wie sie im neunzehnten Jahrhundert, dem Zeitalter der amerikanischen Dynastiengründer, der Bankier J. P. Morgan oder der Ölmagnat John D.

Rockefeller erlangten, der Immobilienzar John Jacob Astor oder der Vorreiter der Unterhaltungsindustrie, P. T. Barnum. Sie alle kamen von anderswoher nach New York, aus Hartford oder Cleveland, aus dem pazifischen Nordwesten oder aus Bethel in Connecticut. Sie alle wurden unvorstellbar reich. Sie stifteten Museen und Wohlfahrtsverbände, häuften Kunst an und Grundbesitz, sie bestimmten die Politik in der Stadt wie in der Nation. Die Enkel eines dieser Gründerväter betrieben im Verein mit anderen Visionären des Kapitals und unter Einsatz all ihrer Macht den Bau des World Trade Center – der Präsident der Chase Manhattan Bank, David Rockefeller, und sein Bruder Nelson, damals Gouverneur des Staates New York.

Die Stadt ohne Gedächtnis

Als Mark Twain kurz vor Ausbruch des amerikanischen Bürgerkriegs New York besuchte, beklagte er, daß er auf dem Weg zum Mittagessen den Broadway nur überqueren konnte, indem er sich in die Masse der Fußgänger fallen und von ihr treiben ließ. Wenn er an seinem Ziel angekommen war, drückte er sich an die Hauswand. »Es schien, als sei ich in Stücke gerissen und nur sehr schlecht wieder zusammengesetzt worden.« Überfüllung war seit jeher eines der größten Probleme New Yorks, und die Frage, wie Menschen und Waren von hier nach dort zu transportieren seien, stand immer im Zentrum der Stadtpolitik. In den zahlreichen urbanen Legenden, in denen die Nähe der New Yorker Politik zum organisierten Verbrechen den wesentlichen Handlungsfaden bilden, geht es fast immer um die Macht über den Transport; und die Feindschaft zwischen New York und New Jersey, die sich täglich in der gegenseitigen Abfälligkeit als Kulturbruch zwischen Metropole und Vorstadt präsentiert, gründet sich ursächlich auf einen Streit um Verkehrswege.

Die Stadt begann 1898, sich grundsätzlich um ihre Verkehrsprobleme zu kümmern, als aus über vierzig Städten und Dörfern die Großstadt wurde, die sich für kurze Zeit *Greater New York* nannte. Selbst geschichtsbewußte New Yorker durchfuhr ein kleiner Schock, als sie zu Beginn des Jahres 1998 daran erinnert wurden, daß ihre Stadt mit Ausstellungen und Reden,

Festen und Paraden nun ein Jahr lang ihren hundertsten Geburtstag feiern werde. Hundert? Waren nicht 1624 die Holländer in Manhattan gelandet, hatten die Briten die Insel nicht vierzig Jahre später besetzt, besaß Brooklyn nicht seit 1823 ein Kunstmuseum und hatte nicht bereits ein Jahr zuvor die *New York Times* ihren hundertsten Gründungstag zelebriert?

Des Rätsels Lösung war, daß alle Teile älter sind als die ganze Stadt. New York in seinen jetzigen Grenzen entstand in der Tat erst am Jahresbeginn 1898, als die Charta in Kraft trat, mit der sich die bis dahin unabhängigen Gemeinden, die sich um den New Yorker Hafen herum angesiedelt hatten, zu einer einzigen riesigen Stadt vereinigten. New York – das war zuvor Manhattan mit der Bronx, dem Stadtteil, der in zwei Schritten bereits 1874 und 1895 annektiert worden war. Nun wurden drei weitere Regionen eingemeindet: Queens, damals eine Ansammlung von achtunddreißig Städtchen und Dörfern, Brooklyn und Staten Island (das damals und bis 1975 noch Richmond hieß). Sie wurden mit Manhattan und der Bronx einer gemeinsamen Verwaltung unter Führung eines Oberbürgermeisters unterstellt.

Die neue Stadt wurde *Greater New York* getauft: Die Einwohnerzahl vervielfältigte sich an diesem Tag von eineinhalb auf weit mehr als dreieinhalb Millionen, die geographische Größe versechsfachte sich. Mit einem Schlag hatte Amerika seine erste Metropole und London eine internationale Konkurrentin um den Rang der bevölkerungsreichsten Stadt der Welt. London konnte sich vorübergehend damit trösten, daß seine Bewohner bereits seit Jahren weite Strecken mit der Untergrundbahn zurücklegten, während auf den New Yorker Straßen noch das Geschnaube der Droschkenpferde Tag und Nacht mit warmem Atem überzog. Doch Greater New York, so verkündeten die Gründungsväter, werde eine der großartigsten Städte der Welt werden, in der sich Amerikas neue Rolle als internationale wirtschaftliche und politische Macht spiegeln werde – eine Vision, die, zumindest in ihrem ersten Teil und durch alle

Erschütterungen hindurch, bis heute das Selbstbewußtsein der New Yorker prägt.

Nicht nur in dem heute längst vergessenen *Greater* drückte sich der Enthusiasmus für die schieren Dimensionen der Neugründung aus. Kaum eine historische Beschreibung der Konsolidierung verzichtet auf Superlative, auf Zahlen wie den täglichen Wasserbedarf von 1,74 Milliarden Liter oder die zweitausendfünfhundertsechsundsiebzig Kilometer Kanalrohre, die den Untergrund der neuen Großstadt durchzogen. Der Glaube an den Segen jedweder Expansion, die Fortschritt verhieß, der wiederum Erfolg garantierte, war noch so ungebrochen wie das Vertrauen in eine zentrale Planung, der nun annähernd vier Millionen Menschen aus höchst unterschiedlich strukturierten Gemeinden unterworfen waren.

Wie konnte es geschehen, fragte der vor einigen Jahren verstorbene Brendan Gill, der seit 1936 für das Magazin *The New Yorker* schrieb, daß ein so wichtiges Datum der Stadtgeschichte, kaum daß der Tag vorübergezogen war, schon wieder aus dem Bewußtsein der New Yorker verschwand? Zum einen, so Brendan Gill, habe in New York niemand jemals an den Wert der Erinnerung geglaubt und daran, daß zur Wiederholung verdammt sei, wer die Vergangenheit vergesse. Denn nichts in dieser Stadt eigne sich zur Wiederholung, und gerade darin liege ihr Abenteuer. Jede Geschichtslektion hingegen verströme den modrigen Geruch des Alten.

Alles und jeder in New York kommt von anderswo her. Selbst das Ökosystem des riesigen Stadtgebiets kam aus der Fremde, mit dem »eingewanderten Eis«, wie es ein Stadthistoriker nannte, das sich vor fünfundsiebzigtausend Jahren in Gletscherplacken von Labrador aus voranzuwälzen begann. Es kam schließlich, nach seinem Weg über die Steppe, die sich damals von den Allegheny Bergen zum Atlantik streckte, mitten im Zentrum New Yorks zum Halten. Alles, was später aus der Stadt wurde, verdankte sich den Einwanderern von überall her, und deren Erinnerung führte sie immer weg von New York. Die Holländer erinnerten sich an anderes als die Engländer, die Polen an anderes als die Italienier, die Puertorikaner an anderes als die Chinesen. New York zur Heimat zu erklären war immer einfach, weil niemand hier zu Hause war, und es bedeutete einzig, sich zur Wurzellosigkeit zu bekennen. Der 11. September 2001 hat auch das verändert. New York wird in Zukunft eine Stadt mit Gedächtnis sein.

Bald nach 1898 also war die Tatsache, daß es sich um eine neue Stadt handelte, bereits vergessen, und aus Greater New York wurde wieder New York, eine Stadt mit fünf Distriken unter der Vorherrschaft des kleinsten, wie sie es bis heute geblieben ist. Niemand bestreitet, daß Manhattan von Anfang an am meisten von der Konsolidierung profitiert hat. Doch als die Vereinigungscharta in Kraft trat, waren auch bei den annektierten Städten handfeste Interessen im Spiel. Vor allem Brooklyn, damals drittgrößte Stadt der Vereinigten Staaten und bis zur Bankrottgrenze verschuldet, versprach sich von New York eine neue Blüte. Es mußte sein Steueraufkommen vergrößern und brauchte dringend Zugang zu neuen Wasserreservoirs, zwei Probleme, die das Zusammengehen mit Manhattan lösen sollte.

Brooklyn erhoffte sich darüber hinaus, wie auch die anderen Stadtteile, von der vereinigten Stadt ein besseres öffentliches Verkehrssystem und vor allem: endlich Ordnung im Hafen. Denn bisher waren die Wasserwege gleichzeitig die Grenzen zwischen den verschiedenen Gemeinden und verhinderten damit das wirtschaftliche Wachstum, von denen die Fabrikbesitzer und Händler in Brooklyn wie in Manhattan oder Long Island City in Queens träumten. Manhattan aber hoffte vor allem und lebt davon bis heute, daß seine Probleme geteilt werden, die löchrigen Straßen wie die hohen Steuern, die verfallenden Brücken wie das marode Schulsystem.

Statistisch immerhin hat jeder der fünf Stadtteile heute einmal die Nase vorn: Einzig die Bronx liegt auf dem amerikanischen Festland. Queens ist am größten, Manhattan am kleinsten. In Brooklyn leben die meisten New Yorker, und Staten Island, oft vergessen oder als übelriechende Erdaufschüttung verachtet, versucht als einzige, sich aus der Vereinigung wieder zu lösen. Es kennzeichnet die Rolle von Staten Island im Stadtgefüge, daß kaum ein New Yorker davon weiß.

Statt ärmlicher Verwandten im Schatten Manhattans hätten aus allen annektierten Gemeinden eigene, vielleicht bedeutende Städte werden können: 1997 hatte Brooklyn etwa die Bevölkerungszahl von Chicago erreicht, Queens hatte Philadelphia überrundet, die Bronx Detroit und Staten Island St. Louis – eine Einwohnerdichte, die vor allem damit zu tun hat, daß überall außer in New York die Flucht in die Vorstädte die Städte ausbluten läßt. New York hingegen ist überfüllt geblieben. Vor hundert Jahren lebten an der Lower East Side in Manhatten auf jeder Quadratmeile zweihundertsechzigtausend Menschen – eine nirgendwo sonst in den Vereinigten Staaten erreichte Masse. Mit dieser Bevölkerungsdichte, hochgerechnet auf die ganze Stadt, hätte New York achtundsiebzig Millionen Einwohner fassen können. Noch heute sind es in Manhattan fünfundsechzigtausend auf jeder Quadratmeile, fünfundzwanzigtausend in den anderen Stadtteilen. In Chicago sind es nicht einmal die Hälfte.

Nicht nur aufgrund ihrer Größe ginge es den vier anderen Stadtteilen heute besser ohne Anbindung an Manhattan, meint die Stadthistorikerin Jane Jacob. Die Idee, daß von gemeinsamen Steuereinnahmen alle, vor allem die Armen profitieren würden, sei an der ausufernden Bürokratie gescheitert. Manhattan, der reichste Stadtteil, habe wirtschaftlich und kulturell gewonnen, während die Entwicklung der anderen Bezirke ins Stocken geraten sei. Manhattan konnte den Verfall seiner Industrien durch den Aufstieg als Handels-, Finanz- und Dienstleistungszentrum teilweise ausgleichen; Brooklyn und Queens hingegen nicht. Und die großen Planer New Yorks, allen voran Robert Moses, der von 1888 bis 1981 lebte und vierundvierzig Jahre lang die Stadtentwicklung New Yorks bestimmte, bevorzugten bei all ihren Projekten, beim Straßenbau wie beim öffentlichen Verkehrssystem, bei der Küstenbebauung wie der Brückenplanung, schamlos den Stadtteil, den viele heute noch für die ganze Stadt nehmen, Manhattan. Der ehemalige Bürgermeister Rudolph Giuliani ging mit derselben Rücksichtslosigkeit über die Interessen der anderen Stadtteile hinweg.

Es dauerte noch einige Jahre nach der Konsolidierung, bevor die erste bahnbrechende Verbesserung der Verkehrswege die Verbindung der Stadtteile mit Manhattan erleichterte. Um 1900 waren Brooklyn, Staten Island, Queens und auch die Bronx in großen Teilen ländliche Gebiete. Manhattan, mit einer von Pferden gezogenen Straßenbahn zu erreichen, lag eine Tagesreise entfernt. Die Erweiterung der U-Bahn aber, die in einer hart erkämpften Kooperation zweier konkurrierender Privatfirmen und der Stadt in großen Teilen zwischen 1913 und 1920 gebaut wurde, ermöglichte die Erschließung aller Stadtteile. In weniger als zehn Jahren entstand ein dichtes Netz von unterirdischen Schienenstrecken, in dem erstmals Manhattan mit Queens verbunden wurde, und das sich immer weiter in die kaum entwickelten und kaum besiedelten Gebiete in Brooklyn und der Bronx ausdehnte.

Die ärmlichen Straßenzüge in Süd-Manhattan mit ihren vier- bis fünfstöckigen Häusern, die Wand an Wand gebaut waren, so daß nur die vorderen und hinteren Zimmer Licht bekamen, während die mittleren Räume im Dunkeln lagen, waren so überfüllt und die sanitären Bedingungen so ungenügend, daß Typhus und Cholera gleichsam aus dem Boden dampften. In den besseren Gegenden um City Hall und weiter nördlich Richtung Times Square machte sich Angst vor Ansteckung breit. Immigranten, vor allem aus Irland, Osteuropa und Deutschland, hofften aber weiterhin auf ein besseres Leben hier und drängten in immer größeren Massen in die längst verstopften Gassen. In Brooklyn hingegen, in Queens und in der Bronx lebten nur wenige. Sie waren von Farmland umgeben, über dem

sich der Himmel wie eine Kuppel dreihundertsechzig Grad weit spannte, wie er es heute noch ganz am Rand von Brooklyn tut, da, wo überhaupt kein Geld mehr fließt. Dorthin sollten die Menschen, die an der Lower East Side keinen Platz mehr fanden, umgesiedelt werden. Öffentlicher Wohnungsbau von immensen Ausmaßen unterstützte diesen Prozeß der Verteilung der Menschen auf die gesamte Fläche der Stadt, und Bevölkerungsstatistiken zeigen, daß tatsächlich zwischen 1910 und 1940 die Einwohnerdichte am deutlichsten entlang der neuen U-Bahn-Linien wuchs. Es war der erste große Auszug der Immigranten aus den Slums.

Heute meinen die New Yorker, wenn sie von den Vororten sprechen, Greenwich oder Stamford in Connecticut, Hoboken in New Jersey oder White Plains und Peekskill im Staat New York. Damals aber waren es Queens und Brooklyn, in denen zum ersten Mal jene Art der Umgebung entstand, die als *suburbia* Jahrzehnte später, nach dem Zweiten Weltkrieg, in Verruf kam. Regionale Siedlungspläne und billige Kredite erlaubten es Arbeitern und Handwerkern, hier eigene Häuser zu kaufen, und manch einer von ihnen ist damit reich geworden. Hundertfünfzig Nationalitäten mischen sich heute in Brooklyn, und in Stadtteilen wie Brooklyn Hights, Cobble Hill oder Prospect Park sind die Immobilienpreise längst ebenso astronomisch wie in Manhattan. Rund um die Brooklyn Academy of Music, kurz BAM, die jahrzehntelang wie eine Enklave der künstlerischen Avantgarde inmitten ausgedehnter Parkplätze und in einer Wüstenei grauer Ärmlichkeit lag, entsteht ein ganzes Kulturzentrum, und Teile der Kunstszene, die einst in Soho zu Hause waren, haben sich von Manhattan über die Brücken nach Williamsburg oder Red Hook verzogen. Auch Greenpoint, wo seit jeher die Polen wohnen und Polnisch auch in den chinesischen Waschsalons die Umgangssprache ist, zieht immer mehr Künstler an, die noch kein Geld verdienen. Bis vor kurzem waren hier die Mieten billig. Die Aussicht auf Manhattan über den East River gehört zu den schönsten der Stadt und ist fast ebenso häufig fotografiert worden wie die Brooklyn Bridge. Nachts, wenn man nur die Lichter sieht, ahnt man eine Silhouette, die kaum anders aussieht als in der Mitte des vergangenen Jahrhunderts.

Zum Wiederaufbau der Stadt nach den Verwüstungen der Terroranschläge im September 2001 soll New York mehr als zwanzig Milliarden Dollar aus der Staatskasse in Washington erhalten. Wofür sie am sinnvollsten ausgegeben werden sollen, wird heftig diskutiert. Stimmen, die fordern, neben dem südlichen Manhattan sollten auch Bauvorhaben in Queens und Brooklyn von diesem Geld profitieren, werden immer lauter. Die Stadtteile boten nach den Anschlägen Ausweichquartier für zahlreiche Firmen, und die Hoffnung war groß, daß einige von ihnen langfristig bleiben würden. Doch es heißt in New York, das Geld habe nur einen kleinen Radius und werde die Säume der Stadt nie erreichen. Unabhängig von den Gezeiten des Marktes, bleiben sie Entwicklungsgebiet, das nie entwickelt wird.

In einem illegal gebuddelten Tunnel hatte Alfred Ely Beach bereits 1870 die erste U-Bahn New Yorks hundert Meter weit unter dem Broadway in die Nähe des Rathauses getrieben, mittels eines riesigen Gebläses, das den zylindrischen Waggon nach vorne pustete und auf demselben Weg zurücksaugte. Es lag nicht nur an diesem Druckluft-System, das sich der erfindungsreiche und mit einiger unternehmerischer Phantasie ausgestattete Redakteur der Zeitschrift *Scientific American* ausgedacht hatte, daß sich die Idee der unterirdischen Beförderung damals nicht legalisieren ließ, sondern es lag vor allem an William M. Tweed. *Boss* Tweed sorgte als zum Teil selbsternannter Vorsitzender verschiedener Ausschüsse dafür, daß die Stadt bei seiner Druckerei all ihr Papier, bei seiner Anwaltskanzlei allen rechtlichen Rat zu schwindelerregend überhöhten Preisen einkaufte, und er war im Begriff, an einem Hochbahnsystem, das eine seiner Firmen bauen sollte, Millionen zu verdienen. In Beachs Untergrundbahn fürchtete er einen ernsthaften Rivalen. Beim Publikum aber wurde Beachs U-Bahn, die er als Postbeförderungssystem zu maskieren suchte, ein immenser Erfolg. Die Haltestelle war von Leuchtern illuminiert. In einem Brunnen schwammen Goldfische. Und auf einem Konzertflügel spielten Pianisten zur Unterhaltung der jeweils zweiundzwanzig Reisenden, die in einem plüschgepolsterten Waggon genau einen Block unterirdisch vorankommen konnten. Wenn die Fahrgäste die Station betraten »und den Springbrunnen sahen und die Musik hörten, müssen die gedacht haben, sie wären gestorben und im Himmel gelandet«, heißt es in dem Roman *Der Himmel unter der Stadt* des Iren Colum McCann. Vierhunderttausend New Yorker stiegen im ersten Jahr in das unterirdische Himmelreich hinab, doch es gelang Beach nicht, die Verlängerung seiner Linie bis hinauf zum Central Park durchzusetzen.

William Tweeds Fall begann 1871. Im zwölften Jahr seiner Bauzeit hatten die New Yorker von einem prächtigen Gerichtsgebäude, das er errichten ließ, genug. Offiziell hieß es *New York County Courthouse*, doch bald schon sprach und bis heute spricht jeder vom *Tweed Courthouse*, das direkt hinter dem Rathaus liegt. Die Kosten waren am Anfang auf dreihunderttausend Dollar geschätzt worden. Am Ende einer zwanzigjährigen Bauzeit – das Gebäude wurde erst Jahre nach dem Ende von Tweeds Herrschaft fertiggestellt – hatten die Steuerzahler mehr als fünfzehn Millionen Dollar dafür aufgebracht, doppelt so viel, wie die Vereinigten Staaten etwa zur selben Zeit für den Erwerb von ganz Alaska gezahlt hatten. Jedes Fenster, das Tweed von ihm ergebenen Glasern einsetzen ließ, hatte einen Preis von achttausend Dollar; Bauunternehmer, von denen er bestochen wurde, arbeiteten schlampig, um sodann ihre Fehler teuer zu reparieren, und ein Maurer, der als der Prinz der Maurer in seiner Zeit berüchtigt war, verlangte und bekam für seine Arbeit 2,9 Millionen statt der veranschlagten zwanzigtausend Dollar. Offenbar wurde auch viel gekehrt in diesen langen Jahren des Pfuschs und der Verschleierung, jedenfalls belief sich ein Posten, der *Besen* auswies, auf einundvierzigtausend Dollar. Als Reformkräfte in der Stadtregierung eine Untersuchung verlangten, behauptete Tweed, es gäbe bereits einen Untersuchungsausschuß, und tatsächlich legte dieser innerhalb von knapp zwei Wochen einen Bericht vor, der nicht nur die Rechtmäßigkeit aller Rechnungen aus mehr als elf Jahren bestätigte, sondern auch die seine über achtzehntausend Dollar präsentierte. Tweeds Druckerei, die auch dieses Dokument der Stadtverwaltung druckte, berechnete etwa die Hälfte dieser Summe.

Tweed mag die Steuerzahler betrogen haben, aber die Bürger bekamen für ihr Geld nicht nur einen steinernen Tribut an Gier und Bestechlichkeit, sondern auch eines der aufsehenerregendsten öffentlichen Gebäude New Yorks: einen ausladenden anglo-italienischen Palast mit mehr als zwei Dutzend großartigen Gerichtssälen, die sich um eine mehrstöckige achteckige Rotunde gruppieren, überspannt von einem Oberlicht aus farbigem Glas.

In der Regierungszeit von Rudolph Giuliani wurde das grandiose Gebäude, das bis 1926 als Gerichtsort diente und später halbherzig in unterschiedlichen Verwaltungsfunktionen genutzt wurde, für neunzig Millionen Dollar renoviert. Das Museum of the City of New York, beengt weit oben auf der Fifth Avenue untergebracht und eines der ärmeren Museen der Stadt, sollte hier eine glanzvolle neue Heimstatt finden. Doch Bürgermeister Bloomberg machte diese Entscheidung rückgängig. Er will die Schulbehörde hier unterbringen, um zu demonstrieren, wie genau er weiß, daß neben dem Wiederaufbau des südlichen Manhattan es vor allem das zerbröselnde Schulsystem ist, das seine Aufmerksamkeit braucht. Noch ist diese Entscheidung nicht endgültig, und kaum einer glaubt daran, daß sie jemals verwirklicht wird. Keiner der wertvoll ausgestatteten Räume läßt sich als Klassenzimmer verwenden, und es gibt kein einziges Büro für die Hunderte von Bürokraten, die nach Bloombergs Vorstellung dort einziehen sollen. Es gelte also, das Tweed Courthouse ein weiteres Mal zu renovieren und das, was bei den vorangegangenen Arbeiten an Ornamenten und Verzierungen unter allen möglichen Sichtblenden und nachträglich eingezogenen Wänden und Decken zum Vorschein gekommen war, aufs neue zu verschalen. Was auch immer damit geschehen mag – New York ist wahrscheinlich die einzige Stadt der westlichen Welt, die ein Gerichtsgebäude nach ihrem korruptesten Politiker benannt hat.

Als Tweed 1873 schließlich entmachtet und vor Gericht gestellt wurde und eine jahrelange Periode zahlreicher Inhaftierungen, Verurteilungen, Berufungen, der Flucht und Auslieferung begann, bekam Beach endlich die Genehmigung für seine U-Bahn. Unmittelbar darauf krachte die Börse, und Beachs Investoren gingen bankrott. Die prunkvolle Haltestelle wurde geschlossen, und die New Yorker vergaßen die ventilatorbetriebene Sensation. 1912, beim Aushub einer Teilstrecke des Brooklyn-Manhattan-Transit, stießen die Arbeiter auf die Station und einen nahezu intakten U-Bahn-Wagen. Auch der Brunnen war noch da. Nur von den Goldfischen war nichts mehr zu sehen.

Mord in der Ritterburg

Wenn man heute mit der Fähre von Ellis Island frontal auf die Südspitze von Manhattan zufährt, kann man wieder ahnen, wie sie sich Generationen von Einwanderern präsentierte: ohne Zwillingstürme – deren ästhetischen Wert einige Architekten, als sie noch standen, mit dem Satz kommentierten, man könne den Eindruck eines häßlichen Turms erheblich verbessern, wenn man einen ebensolchen daneben setze. Heute sieht man im Tageslicht einen Streifen grauer Bäume, hinter dem sich einige wenig spektakuläre Hochhäuser locker gruppieren. Dahinter verwischen sich die Konturen einzelner Bauten zum Bild einer mit hohen und niedrigen, breiten und schlanken, rauchenden und stillen Gebäuden voll beladenen Inselzunge. Erst in der Dämmerung und bei Nacht verwandeln sie sich in die majestätischen Monumente der modernen Stadt, als die sie uns auf den berühmten Fotografien von Berence Abbott oder Andreas Feininger und vielen anderen gegenübertreten. Bei klarer Sicht läßt sich erkennen, wie in der Ferne die Spitze des Empire State Building den Himmel punktiert. Dreißig Jahre lang verstellten diese Aussicht die beiden Türme des World Trade Center. Sie zogen den Blick nach oben. Heute wird die Wahrnehmung gebündelt, eingepfercht zwischen East River und Hudson wie der Süden der Stadt.

Was hier allen, die New York noch anders kennen, so sichtbar fehlt, schärft den Blick. Er entdeckt plötzlich überall in der Stadt Zwillingstürme, weniger hoch als die zerstörten, dafür in phantasievollerer Form. Vor allem im Central Park ist man von Doppeltürmen umgeben. Richtung Norden markieren am Rand von Harlem seit 1975 zwei achtkantige Wohnblöcke an der Schomburg Plaza den Eingang zu dem Viertel, dessen Renaissance alle paar Jahre beschworen wird und das dennoch ein von der Entwicklung Manhattans abgehängtes Gebiet geblieben ist. Diese Türme an der Kreuzung der Fifth Avenue mit der hundertzehnten Straße sind fünfunddreißig Stockwerke hoch, sehen doppelt so hoch aus, wenn man von ferne auf sie schaut, und sie wirken, als wollten sie den spanischen Teil von Harlem im Osten mit dem schwarzen im Westen weithin sichtbar versöhnen. Am westlichen Rand des Parks, da, wo die Upper West Side vornehm ist, stechen die zwei spitzen Dächer des El Dorado die sie umgebenden Flachdächer und Giebel aus. Das El Dorado, ein luxuriöses Apartmenthaus, bekommt einige Straßenblöcke weiter südlich von den Türmen des San Remo Konkurrenz, in dem vornehmlich Filmstars Quartier beziehen. Wiederum nur wenige hundert Meter weiter am Park entlang stehen die plumpen Doppeltürme von Majestic und Century, die ebenfalls für ihre berühmten Bewohner bekannt sind. Am südlichen Ende des Central Park baut der Unterhaltungskonzern AOL Time Warner ein neues Hauptgebäude, und auch hier sind die Zwillingstürme, von denen der eine den anderen zu spiegeln scheint, das beherrschende Merkmal.

Der Central Park liegt in dieser gezackten Umrahmung friedlich da wie der von Zinnen bewachte Innenhof einer Ritterburg. Tatsächlich gibt es heute in ihm kaum noch Spuren der Subkulturen, die einst den hügeligen *Ramble* beherrschten, keine unter verschiedenen Banden aufgeteilten Gebiete, deren Grenzen zu kennen sich einst dem harmlosesten Besucher empfahl, keine unsichtbar versperrten Zonen mehr. Die Jahrzehnte zwischen den mittleren sechziger und frühen neunziger Jahren, als niemand, der seinen Verstand beisammen hatte, den Park nach Einbruch der Dunkelheit betreten hätte und das riesige Gelände auch tagsüber nur einige ausgewählte Stellen für Sicherheitsbedürftige bereithielt, hatten sich in die unteren Kammern des Gedächtnisses abgesenkt. Vor ein paar Jahren wurden sie plötzlich wiederbelebt.

Das Opfer hieß Maria Isabel Pinto Monteiro Alves. Sie kam aus Brasilien, war vierundvierzig Jahre alt, mittelgroß, angestellt in einem luxuriösen Schuhgeschäft auf der Madison Avenue und wurde am frühen Morgen des 17. September 1995 an einer abgelegenen Stelle im Central Park ermordet. Sie joggte, wie jeden Morgen zwischen fünf und sechs, und Verletzungen an Armen und Händen deuteten darauf hin, daß sie, vergeblich, um ihr Leben gekämpft hatte. Sie wurde erschlagen.

Kriminalistisch war der Fall nahezu hoffnungslos. Da der Mord im Morgengrauen weitab vom populären Joggingpfad verübt wurde, waren die einzigen möglichen Zeugen die Obdachlosen, die nachts im Park leben. Manche von ihnen sind verwirrt, andere drogenabhängig. Keiner will mit der Polizei etwas zu tun haben. Wenn es dennoch zur Vernehmung kommt, sind die Aussagen unzuverlässig, Gefälligkeitszeugnisse bei den einen, phantastisches Gemurmel bei den anderen. Bald stellte die Polizei die aktiven Ermittlungen ein, der Fall blieb ungelöst. Nach der achtundzwanzigjährigen weißen Investmentmaklerin, die nahe der gleichen, *Loch* genannten Stelle am Abend des 19. April 1989 von einer Bande Jugendlicher fast zu Tode vergewaltigt worden war und die als *Central Park jogger* in die *Encyclopedia of New York* einging, war Maria Monteiro Alves die zweite gequälte Joggerin, die Geschichte machte – Geschichte im Sinn einer Story, in der es nur eine Protagonistin gibt und eine Menge ihrer Spiegelbilder: New York, die Stadt.

In den ersten Tagen nach dem Mord erschien kaum ein Zeitungsartikel, in dem die Parallele zwischen den beiden Fällen nicht gezogen wurde. Die Unterschiede waren zwar offensichtlich. 1989 überlebte das Opfer, die weiße Frau. Ihre Folterer waren Schwarze, und die Geschichte des brutalen Verbrechens wurde unter dem Titel *Die Joggerin und das Wolfsrudel* geschrieben. Die Täter waren schnell gefaßt, fünf Angeklagte wurden verurteilt. Im Mordfall Monteiro Alves hingegen gab es keine Verdächtigen, nicht einmal eine Spur. Keinen Subtext von Rassenhaß, kein schwarz und weiß. Sicher ist nicht einmal, ob Maria Monteiro Alves vergewaltigt wurde. Sie lag tot im flachen Wasser, und heftiger Regen hatte alle Spuren am Tatort weggeschwemmt. Doch das wichtigste war beiden Verbrechen gemein: Sie geschahen im Central Park.

Angelegt in den fünfziger Jahren des vergangenen Jahrhunderts, ist die riesige Fläche von dreihundertvierzig Hektar in der Mitte Manhattans bis heute ein Ausnahmegebiet. Während es sich von selbst versteht, bei Dunkelheit gewisse Stadtviertel und U-Bahn-Linien zu meiden, werden vernünftige Selbstbeschränkungen, wenn es um den Park geht, nur schwer akzeptiert. *Der Park gehört uns*, war eine der häufigsten Empörungen nach dem Mord, als müßten hier, auf diesem Stück rekonstruierter Natur zwischen all dem Stein, andere Gesetze gelten als jenseits seiner Grenzen. Als sei der Central Park eine zivile Oase, frei von allen Problemen, mit denen die Stadt andernorts manchmal nicht fertig wird. Ein sentimentaler Ort, an dem Erfahrung nicht zählt, und an dem ein Mord kein Mord ist wie die Hunderte anderen Morde in der Stadt, sondern eine symbolische Tat. Ihr Opfer ist nicht ein Mensch, sondern die Stadt. »Sie war nicht nur irgendeine Frau«, schrieb die *New York Times* damals. »Sie war jede Frau. Jede Tochter. Jede Gattin. Jede Kollegin. Jede Freundin. Sie war wir.«

Trotz der Unterschiede geschah in beiden Fällen für eine Weile das gleiche: Stadt und Opfer wurden eins. Joan Didion hat für die Bandenvergewaltigung von 1989 diesen Prozeß der Abstraktion und der anschließenden Vermengung von persönlichem Leid mit dem Schicksal der Stadt in einem Essay nachvollzogen. *Sie war wir*. Auch damals wurde dieser ungeheuerliche Satz geschrieben, und auch damals wurden nächtliche Park-Go-ins veranstaltet, als könnten solcherart magische Gesten das Schicksal der Stadt zum Guten wenden.

Maria Monteiro Alves ist tot. Als die Polizeirecherchen in ihrem Fall so weit fortgeschritten waren, daß nicht nur die Geschichte der beleidigten Stadt, sondern auch ihre Geschichte erzählt werden konnte, verstummten die Rufe *Sie war wir*. Zwar arbeitete auch Maria Monteiro Alves erfolgreich in ihrem Beruf, hatte ein East-Side-Apartment, einen strengen Jogging-Plan und gute Manieren. Doch sie war einsam, so einsam, daß nur ihr Chef sie vermißte. Mit den Einsamen aber macht sich

New York nicht gemein. Es gibt zu viele, und die Stadt ist diskret. Der Schriftsteller William Maxwell bemerkte einmal, in New York könne man auf dem Bürgersteig weinen, in vollkommener Intimität.

Dann tauchte ein Brief auf. Sie habe, so schrieb Maria kurz vor ihrem Tod an eine Freundin in Rio de Janeiro, einen neuen Freund und wünsche sich ein Kind. Für ein paar Tage sah es so aus, als hätte New York außer wunderschönen Joggingbahnen und einem Dienstleistungsjob auch Maria Monteiro Alves ein glückliches Schicksal bieten können, wäre sie nicht zuvor ermordet worden. Doch es gab keinen Freund. Nicht einmal einen Bekannten.

Von den oberen Etagen der Doppeltürme aus sieht man nicht, was im Park geschieht. Im Sommer blickt man auf ein Blättermeer. Im Winter hinüber zur East Side. Die meisten dieser Doppeltürme strecken sich, anders als das World Trade Center, von einer gemeinsamen vielstöckigen Basis dem Himmel entgegen. Wer sie einmal wahrgenommen hat, für den werden Zwillingstürme auch nach dem Versinken des World Trade Center überall in der Stadt den Rhythmus der Skyline skandieren, in Manhattans Mitte mit den Türmen der St. Patrick's Cathedral, im Osten mit denen der Vereinten Nationen, im Süden mit dem Hudson Terminal Building und der Zentralen Synagoge.

Doppeltürme waren Ende der zwanziger und in den frühen dreißiger Jahren des vergangenen Jahrhunderts der letzte Schrei. Doch sie verdankten sich weniger dem Gestaltungswillen ihrer Architekten als den Beschränkungen der Bebauungspläne. Als 1929 per Gesetz das Wohnhaus in Wolkenkratzerformat legalisiert wurde, war dies nicht nur eine Befreiung, sondern auch eine Grenzmarkierung. Neunzehn Stockwerke, so sah es der *Multiple Dwelling Act* vor, durfte ein Wohnhaus haben, mehr bei entsprechender Grundfläche und nur, wenn Turm oder Türme über den unteren Etagen nicht mehr als zwanzig Prozent des Grundstücks einnahmen.

Als erster baute unter diesen neuen gesetzlichen Bestimmungen der Architekt Emery Roth am Central Park West den Hochhauspalast San Remo. Roth hatte bereits das Ritz Tower Hotel in einer Art vereinfachtem italienischen Barock entworfen. Auch beim San Remo verließ er sich auf diesen Stil, der seine Vollendung in den kreisförmigen Kolonnaden aus korinthischen Säulen fand, auf denen die Turmspitze, gekrönt von einer bronzenen Laterne, ruht. Zwei marmorgesäumte Foyers und die großzügigen Grundrisse der riesigen Wohnungen garantieren bis heute, daß das San Remo eine der teuersten Adressen Manhattans geblieben ist. Unmittelbar nach Vollendung dieses zweitürmigen Wahrzeichens am Central Park West errichtete derselbe Architekt gemeinsam mit einem anderen Team das klassischer gehaltene Eldorado, dessen beide Türme an ihren futuristischen Glockenstühlen weithin erkennbar sind. Etwa vierzig Jahre später, zu Beginn der siebziger Jahre, tat sich das Architekturbüro, das bis heute den Namen Emery Roth & Sons trägt, mit Minoru Yamasaki zusammen und baute das World Trade Center.

Eine Insel ist kein Land

Wäre Isaac Bashevis Singer in Israel begraben worden, hätte sein Grab eine Wallfahrtsstätte werden können. Doch als der Literatur-Nobelpreisträger im Sommer 1991 in New York starb, wo er nach der Flucht aus Polen seit 1935 gelebt hatte, kam er ausgerechnet in New Jersey unter die Erde, jenem von allen Städtern verachteten Gebiet jenseits der Brücken und Tunnel, die New York von seinen Vorstädten auf dem Festland trennnen. Hier, auf dem Friedhof Beth-El, hatte die Tochter von Singers Ehefrau Alma aus deren erster Ehe beim Tod ihres Vaters im Jahr 1964 ein Familiengrab gekauft. Alma hatte diesen Mann und ihre beiden Kinder Inge und Klaus 1940 für Singer verlassen. Seit damals unversöhnt mit ihrer Mutter, starb Inge fünfundzwanzig Jahre nach ihrem Vater und wurde neben ihm beerdigt. Als Isaac Bashevis Singer dann einige Jahre später ebenfalls starb, suchte Alma für ihn und für sich selbst ein Grab, das in der Nähe der Ruhestätte ihrer Tochter und damit auch ihres ersten Ehemanns läge. So kam es, daß Isaac Bashevis Singer in New Jersey beerdigt wurde, und noch dazu in unmittelbarer Nähe jenes Mannes, dem er mehr als ein halbes Jahrhundert zuvor die Frau ausgespannt hatte. Es muß ein bizarres Begräbnis gewesen sein, zu dem eine einzige Limousine mit Singers Nächsten aufbrach, in der sein Sohn aus erster Ehe keinen Platz mehr fand. »Dieser gottverlassene Ort wird niemanden anziehen«, schrieb dieser Sohn Israel Zamir später in seinem Buch *Journey to My Father*. Es mag an jenem Tag ein wenig so zugegangen sein wie in Singers Geschichte *Ein letzter Blick*: daß die Trauergäste nach der Zeremonie einzig im Sinn hatten, so schnell wie möglich zu verschwinden, und nur von einer Sache sprachen – »wie man am besten zur Stadt zurückkäme«.

Die Insellage New Yorks und der Hafen waren von jeher nicht nur ein Segen für die Stadt, sondern immer auch ein Problem. Als 1825 der Eerie-Kanal eingeweiht wurde, auf dem zum ersten Mal Schiffe direkt zwischen New York und Chicago hin- und herfahren konnten, festigte sich New Yorks Position als kommerzielles Zentrum der Neuen Welt. Die Einwohnerzahl explodierte. Anfang des zwanzigsten Jahrhunderts lief fast die Hälfte des Handels des gesamten Landes durch den Hafen von New York. Importe aus Übersee, die für Nordamerika bestimmt waren, kamen an den Docks von Brooklyn oder Manhattan an. Wenn nicht New York ihr Zielort war, wurden sie hier verladen, um auf dem Landweg weitertransportiert zu werden. Dazu mußten sie aber erst aufs Festland kommen. Umgekehrt rollten für den Export bestimmte Produkte von allen Orten Amerikas über Schienen nach New Jersey. Von dort war es nur ein weiter Katzensprung über die Bucht, um den New Yorker Hafen zu erreichen, von dem aus die Waren ihren Weg über den Atlantik antreten sollten. Diese wenigen hundert Meter Wasser, die zwischen New York und New Jersey liegen, blieben die entscheidende Lücke in einem über Tausende Kilometer funktionierenden Transportsystem. Private Unternehmen improvisierten den letzten Strekkenabschnitt. Sie verluden die

Güter auf Barkassen, die zwischen den beiden Nachbarstaaten pendelten. Die Waren mußten registriert, Papiere ausgestellt und Gebühren bezahlt werden. Dieses Verfahren war nicht nur teuer und aufwendig, sondern auch so zeitraubend, daß sich die unabgefertigten Güterwaggons mit Exportgut auf den Schienen regelmäßig bis nach Pennsylvania stauten. Umgekehrt ging es kaum schneller, und die importierten Waren, die auf den Weitertransport auf dem Landweg warteten, stapelten sich im Hafen von New York.

Die einzige Möglichkeit, die vom Wasser unterbrochene Transportkette zu schließen, war der Bau eines Schienentunnels unter dem Hafenbecken, entweder von New Jersey nach Manhattan oder, besser noch, nach Brooklyn. Manhattan war bereits 1917, als zum ersten Mal diese Idee aufkam, völlig verstopft. Doch niemand würde diesen Tunnel finanzieren außer der öffentlichen Hand.

Um die Transportprobleme der gesamten Region vernünftig, das hieß vor allem: jenseits von Zankereien zwischen New Jersey und New York und unabhängig von den Händeln der jeweils innerstaatlichen Politik zu lösen, wurde 1921 schließlich eine zwischenstaatliche Institution gegründet. Die *Port of New York Authority* ist bis heute verantwortlich für das gesamte Hafengebiet, das siebzehn Regierungsbezirke umfaßt, unter ihnen ganz New York City. Ihre Aufgabe ist es, Wirtschaft und Handel in der Zwei-Staaten-Region anzukurbeln, und ihr vornehmster Zweck sollte bei ihrer Gründung sein, endlich den Frachttunnel zu bauen. Die Port Authority nahm ihren

Auftrag ernst, und es dauerte nur sieben Monate, bis die konkreten Pläne auf dem Tisch lagen: ein komplexes Schienensystem für New York und seine Umgebung, dessen Herzstück der Frachttunnel war, der Bayonne in New Jersey mit Sunset Park in Brooklyn verbinden würde. Die Landungsbrücken in Brooklyn waren bereits da, und ein lange schon fertiggestellter Schienenabschnitt verband den Hafen mit Long Island. Die Finanzierung, die sich teilweise aus den Nutzungsgebühren des Tunnels speisen sollte, war ebenfalls gesichert. Nur gebaut wurde der Tunnel bis heute nicht.

Schuld daran war, neben der Politik, vor allem das Auto. 1927 war der Holland Tunnel eingeweiht worden, der Manhattan mit New Jersey verbindet. Er hat von seiner feierlichen Eröffnung bis heute keinen Tag erlebt, an dem er nicht überlastet (oder gesperrt) gewesen wäre. Andere Tunnel wurden geplant, neue Brücken vorgeschlagen. Innerhalb weniger Jahre wurden allein drei Brücken über das schmale Wasserstück geschlagen, das New Jersey von Staten Island trennt, die Outerbridge Crossing und Goethals 1928 und die Bayonne-Brücke 1931. Die zweigeschossige George Washington Bridge schließlich, die den Hudson im Norden Manhattans überquert, ist ein Entwurf der Architekten Othmar H. Ammann und Cass Gilbert, dem die Stadt bereits das Woolworth Building verdankte. An ihr zeigte sich ein neuer Sinn für Pragmatismus. Zwei Jahre nach dem Börsenkrach von 1929 und angesichts der nahenden Depression wurde auf alles dekorative Beiwerk verzichtet. Statt mit romantischen Granit-Ornamenten verkleidet, präsentieren sich die Brückenpfeiler als nacktes Stahlgestell und die Brücke von fern als filigrane Grazie.

All dies geschah unter Aufsicht der Port Authority, die in den Strukturen eines Privatunternehmens den Handlungsspielraum eines Regierungsausschusses ausnutzen konnte. In der Behörde dachte man schon lange nicht mehr an den Schienentunnel, sondern hatte sich bald nach Gründung ganz dem Autoverkehr verschrieben, wie es die Lobbyisten der Automobilindustrie gefordert hatten. Heute betreibt die Port Authority den Holland Tunnel und den Lincoln Tunnel, beide ausschließlich für Autos gebaut, die George Washington Bridge und alle drei Flughäfen New Yorks.

Zwei Männer bestimmten in den folgenden Jahrzehnten die Entwicklung New Yorks: Robert Moses und Austin Tobin. Moses, der dank einer mehr als zwölfhundert Seiten dicken Biographie heute sehr viel bekannter ist als Tobin, gab der Stadt und dem Staat New York Schnellstraßen, Autobahnen und die sogenannten Parkways, begrünte Autobahnen einzig für den Personenverkehr. Austin Tobin gab New York das World Trade Center.

Beide Männer übrigens waren nicht etwa Bürgermeister. Austin Tobin stand dreißig Jahre lang der Port Authority vor. Robert Moses, zwischen 1924 und 1968 eine der mächtigsten Persönlichkeiten der Stadt, besetzte verschiedene Verwaltungspositionen gleichzeitig. Ab dem Jahr 1934 leitete er alle sieben Planungs- und Baubehörden der Stadt. Er war *City Park Commissioner* und *City Construction Coordinator*, und er war auch Vorsitzender der *City Planning Commission* und des Ausschusses für die Slum-Bereinigung, was den Vorteil hatte, daß er Projekte, die er in dem einen Ausschuß entwarf, von dem anderen, in dem er ebenfalls das Sagen hatte, genehmigen lassen konnte. Moses hielt nicht viel von demokratischen Entscheidungsprozessen und beugte mehr als einmal die Regeln, um seine Pläne voranzutreiben. Er wußte, daß die New Yorker Verwaltung bis auf die Knochen korrupt war, und er ging daran, das zu seinem Vorteil zu nutzen, indem er die Korruption organisierte. Moses gebrauchte seine Macht skrupellos, um seine Ideen umzusetzen, welche Stadt New York in Zukunft sein sollte. Er benutzte sie nicht, um sich persönlich zu bereichern.

Er ließ Parks bauen, weitere Brücken und Kinderspielplätze. Für all dieses brauchte er, was New York nicht hatte, nämlich Platz. Also verbreiterte er Manhattan, indem er der Insel durch Landaufschüttungen einen schmalen Uferstreifen hinzufügte. Auch ließ er Zigtausende Bewohner umsiedeln, vor allem Arme und unter ihnen wiederum vor allem Schwarze und Puertorikaner, die er in neuerrichteten sozialen Wohnbauvierteln in Brooklyn und in der Bronx unterbrachte. In den Gemeinden im Staat New York, die den neuen Schnellstraßen im Weg standen, enteignete er annähernd eine Viertelmillion Menschen und zerstörte ganze Städte. Allein für den Bau der Triborough Bridge, die bis heute eines der größten Bauvorhaben in der New Yorker Stadtgeschichte geblieben ist, wurden Dutzende Wohnviertel dem Erdboden gleichgemacht.

Moses entwickelte einigen Ehrgeiz, um die Stadt, das heißt: Manhattan, von ihren Slums zu befreien. Dabei allerdings ließ er sich von einer Herablassung gegenüber den Armen leiten, wie sie später erst wieder Bürgermeister Giuliani demonstrierte – und baute sterile, trostlose, billige Wohnsilos, die ihren Bewohnern ebenso verhaßt waren wie der Polizei und die innerhalb kürzester Zeit wiederum zu Slums wurden, wie es diese sogenannten *projects* bis heute geblieben sind.

Moses liebte New York nicht, sondern nahm die Stadt als Herausforderung an, die er zu bestehen gedachte, als Organisationsproblem, in dem sich Fragen nach organischer Struktur, Schönheit gar und einem guten Leben nicht stellten. Sein Leitsatz war »Wo gehobelt wird, da fallen Späne«, und entsprechend sah New York in manchen Vierteln am Ende seiner Ära aus.

Seine Vision von New York war die einer Autostadt. Weil er für seine Straßenbauprojekte Geld aus der Entwicklung des öffentlichtlichen Verkehrssystems abzog und gleichzeitig die großen ländlichen Vororte mit billigen Mietshäusern zubauen ließ, die wiederum an Straßen lagen und an keinerlei öffentliche Transportwege angebunden waren, brachte er mehr Autos in die Stadt, als diese fassen konnte. Die Straßen waren ausschließlich für Pendler vorgesehen, nicht für den kommerziellen Verkehr. Schon 1940 besaß die Region um New York die meisten Straßenkilometer der Vereinigten Staaten – eine Position, welche die Stadt bis heute entgegen der verbreiteten Überzeugung hält, einzig Los Angeles könne in dieser Hinsicht die Größte sein.

Das änderte nichts daran, daß der Ausgangspunkt all der Planungen und Bauvorhaben absurd war. New York hätte ein Schulbeispiel dafür werden können, wie eine Stadt mit einem vernünftig angelegten öffentlichen Verkehrssystem funktioniert. Die Insel, die gleichzeitig die am weitestgehenden zentralisierte Stadt der Welt ist, hingegen für das Auto zu erschließen, ist eine unlösbare Aufgabe. Niemand verstand besser als die New Yorker, daß die wesentliche Antriebskraft der Moderne die Bewegung war. Von dieser Erkenntnis ließen sich alle leiten, die in New York Tunnel und Brücken, U-Bahnen und Schnellstraßen bauten. Der Erfolg war, daß am Ende all der Bauerei die Bewegung fast völlig zum Stillstand gekommen war.

New York produziert und exportiert Dienstleistungen für die Finanzwelt, Futter für die Medien, Mode und Stilgefühl, alles andere muß die Stadt importieren. Und da es keine Schienenwege für den Güterverkehr gibt, müssen Lastwagen alles herankarren, was die Stadt zum Leben braucht. Lastwagen aber haben es in New York schwerer noch als Leute ohne Geld. Die Parkways sind für sie geschlossen. Wenn sie schließlich die Stadt erreicht haben und zum Ausladen parken, riskieren sie Strafzettel in vierstelliger Höhe. Werden sie abgeschleppt, weil sie, kaum daß sie angehalten haben, eine der schmalen New Yorker Straßen blockieren, kostet sie das unter Umständen bis zu fünfundzwanzigtausend Dollar. Lieferungen jeder Art kommen in Manhattan nur an, weil es für die Zulieferer noch teurer wäre, auf die Kunden in der Stadt vollständig zu verzichten.

Noch heute leidet New York unter den Folgen dieser Politik. Bürgermeister Giuliani eiferte in seinen Vorlieben auch hier dem Visionär Moses nach und traf, wenn er sich überhaupt mit Verkehrsproblemen beschäftigte, Entscheidungen, die das Autofahren in Manhattan nicht reduzierten, sondern es leichter machten. Nach den Terroranschlägen des 11. September, als Straßensperrungen, eingestürzte U-Bahn-Schächte und verschärfte Sicherheitsvorkehrungen an Brücken und Tunneln dafür sorgten, daß der Autoverkehr in Manhattan zum Erliegen kam, mußte indes auch Bürgermeister Giuliani zu unpopulären Mitteln greifen, und er entschloß sich, über die Brücken nur noch Autos in die Stadt zu lassen, die mit zwei oder mehr Personen besetzt waren. Giulianis Nachfolger, Bürgermeister Bloomberg, hingegen ist davon überzeugt, daß die Verkehrsprobleme in Manhattan ein gigantisches Hindernis der wirtschaftlichen Entwicklung und nur durch eine generelle Einschränkung des Autoverkehrs zu lösen seien: durch Zufahrtsbeschränkungen, Brückenzölle, Parkverbote. In einer Stadt, in der über die Parkplatzsuche Romane geschrieben werden, kommen solche Pläne einer Revolution gleich.

Austin Tobin war in fast jeder Hinsicht ein Gegenspieler von Moses. Er gehörte seit 1927 zur Bürokratie der Port Authority und kannte die Behörde in- und auswendig, als er deren Leitung 1942 übernahm. Tobin war verantwortlich für die Modernisierung der Flughäfen, und er fügte Moses eine bittere Niederlage in ihrem Kampf um Einfluß zu, als er den Flughafen Idlewild in seine Kontrolle brachte und den gesamten internationalen Flugverkehr von La Guardia dorthin umdirigierte. Idlewild ist heute der John-F.-Kennedy-Airport. Tobin war es auch, der den kommerziellen Hafen von New York nach Newark und Elizabeth in New Jersey verlegte. Durch Mautgebühren für einige Brücken und Tunnel und durch die Mieten, welche die Behörde an den Flughäfen erwirtschaftete, war die Port Authority Ende der fünfziger Jahre eine reiche Institution. Vierundsechzig Millionen Dollar Überschuß standen im Jahr 1958 auf ihren Konten. Es gab viel zu tun, um die Infrastruktur New Yorks zu verbessern, vor allem die Verbesserung des Personenzugverkehrs. Auch war der Schienentunnel für den Güterverkehr zwischen New York und New Jersey immer noch nicht gebaut. Doch keines dieser Projekte versprach auch nur den geringsten Gewinn. Tobin wartete auf eine bessere Gelegenheit, das Geld seiner Behörde anzulegen. Sie kam, als David und Nelson Rockefeller begannen, für die Idee eines World Trade Center einen Verbündeten zu suchen.

Wo Türme wachsen

Als im Jahr 1946 zum ersten Mal die Idee eines World Trade Center aufkam, sollte es weder dort stehen, wo es schließlich gebaut wurde, noch konnte sich einer der Beteiligten vorstellen, daß es einmal in zwei Türmen mit je hundertzehn Stockwerken untergebracht sein würde. Die Beteiligten waren der New Yorker Gouverneur Thomas E. Dewey und die Port Authority. Dewey setzte eine Verordnung zur »Schaffung einer World Trade Corporation« durch, die im Staat New York ein World Trade Center entwickeln sollte, um in der unmittelbaren Nachkriegszeit den internationalen Handel voranzutreiben. Das Gebiet, in dem das neue Handelszentrum liegen sollte, erstreckte sich südlich der Brooklyn Bridge am East River entlang. Die Port Authority, die nicht nur viel Geld, sondern auch die Befugnis hatte, Privatbesitz für öffentliche Bauvorhaben zu enteignen, sollte mit der Durchführung dieses Plans beauftragt werden. Doch ihr Präsident, Howard Cullman, blieb zurückhaltend. Cullman, der Austin Tobin damals vorgesetzt war, erschien die Idee als reines Immobiliengeschäft, und für ein solches hatte die Port Authority kein Mandat. Der Plan wurde für fünfzehn Jahre auf Eis gelegt.

Anfang der sechziger Jahre hatte sich der Kreis der Interessenten an einem solchen Projekt prominent vergrößert. David Rockefeller, Präsident der Chase Manhattan Bank, hatte sich in den späten fünfziger Jahren ein siebzig Stockwerke hohes

Bürogebäude aus Aluminium und Glas im Süden Manhattans bauen lassen und gehofft, daß mit dieser *One Chase Manhattan Plaza* die Veränderung des gesamten Viertels eingeläutet werde. Dubuffet-Skulpturen in der Höhe von eineinhalb Stockwerken und ein abgesenkter Steingarten des japanischen Designers Noguchi gestalteten die Plaza und belegten das Vertrauen des Investors, daß dies einmal ein urbaner Ort werden würde, an dem die Angestellten mittags in der Sonne säßen und abends flanierten. Weil es immer schattig und viel zu windig war, wurde daraus nie etwas. Doch der Bau gilt heute noch als erster Schritt der Wiederbelebung von Lower Manhattan als dem nach Midtown wichtigsten Geschäftsbezirk.

Grundstücksspekulation in Lower Manhattan gab es seit etwa 1906, als hier achtzehn Wolkenkratzer entstanden. 1958 aber war Rockefellers Bau das seit Jahrzehnten erste neue Hochhaus südlich der vierzehnten Straße. In unmittelbarer Nachbarschaft der New Yorker Börse und der wichtigsten Maklerbüros und anderer Finanzfirmen siedelten in heruntergekommenen Lagerhallen und verwitterten Bürogebäuden vor allem kleine Manufakturbetriebe und Händler aus der Elektronikbranche. *Radio row* nannte sich die Gegend damals. Sie war zwar wirtschaftlich stabil, in den Augen einiger Stadtplaner aber unterwickelt. David Rockefeller träumte von einer Ausweitung des Finanzbezirks in dieses Gebiet, von neuen Bebauungsplänen, die eine Erweiterung der Straßen erlauben würden und den Abriß ganzer Häuserblocks, und von neuen Wohnhäusern, deren Mieter nach Börsenschluß das Viertel beleben würden, das zu jener Zeit nachts den Obdachlosen gehörte und den Ratten. Und natürlich träumte er davon, daß der Preis seines Grundbesitzes stiege.

Als politisches Vehikel, die Gegend völlig neu zu gestalten, wurde 1958 die *Downtown-Lower Manhattan Association* ins Leben gerufen. David Rockefeller war einer ihrer Vorsitzenden. Einige Wochen später wurde Davids Bruder Nelson Rockefeller, der die Präsidentschaft der Nation anstrebte, Gouverneur von New York. Und wiederum nur wenige Wochen später lagen die Pläne für das neu zu entwickelnde Viertel auf dem Tisch. Der Gouverneur besetzte die wichtigsten Positionen in der Port Authority mit loyalen Gefolgsleuten. Zum Beginn des Jahres 1960 wurde die einst so zögerliche Port Authority offiziell mit einer Studie zur Errichtung eines World Trade Center betraut.

Der mächtige Mann in der Behörde war inzwischen Austin Tobin. Er sah in den Plänen der Rockefellers seine Chance, an einem ebenso profitträchtigen wie wegweisenden Unternehmen beteiligt zu werden. Er wollte Geschichte machen, und hier war seine Chance. Allerdings gab es immer noch das Problem des Mandats – die Port Authority war dazu da, Tunnel, Brücken und Zugverbindungen zu bauen und die Geschäfte im Hafen anzukurbeln. Der riesige Bürokomplex, der das World Trade Center werden sollte, entsprach alldem nicht. Aber der Auftrag der Port Authority erstreckte sich in einem Nachsatz auch auf »sonstige kommerzielle Anlagen«. Und eine solche war das geplante World Trade Center allemal – vor allem, da Tobin nicht müde wurde zu versichern, daß die Mieter des Gebäudekomplexes in Bereichen tätig sein würden, die mit dem Hafen irgendwie zu tun hätten, Import- oder Exportfirmen zum Beispiel oder Frachtversicherungen. Daß Nelson Rockefeller zusagte, der Staat New York werde fünfzig Stockwerke des noch zu errichtenden Gebäudes mieten, gab dem Vorhaben weiteres Gewicht.

Als zwischenstaatliche Institution mußte die Port Authority allerdings einen Weg finden, die Pläne der New Yorker auch für den Gouverneur von New Jersey attraktiv zu machen. An einem Bürokomplex in New York hatte dieser naturgemäß keinerlei Interesse. Er forderte im Gegenzug für seine Unterstützung des World Trade Center daher, daß die Port Authority eine renovierungsbedürftige und defizitäre Eisenbahnlinie übernehmen sollte, die hundertvierzigtausend Passagiere täglich von New Jersey nach New York brachte. Diese Hudson & Manhattan Railroad war mit hundertvierzig Millionen Dollar Verlust im Jahr nahe am Bankrott, und sie war das letzte, was Tobin in seiner Behörde sehen wollte. Da es aber nichts gab, was er gleichzeitig so dringend wollte wie den Bau des World Trade Center, stimmte er dem Handel 1962 schließlich zu.

Zu der Eisenbahnlinie gehörten einige verfallene Bürogebäude und ein Bahnhofsgebäude in der Nähe des Hudson in Manhattan, deren Renovierung weitere Millionen verschlungen hätten. Tobin ließ sie abreißen, und als irgend jemand vorschlug, das neue World Trade Center statt am East River auf diesen Grundstücken im Westen zu bauen, widersetzten sich die Rockefellers nicht.

So kam es, daß die Port Authority den Grund und Boden besitzt, der inzwischen Ground Zero heißt. Und so kam es, daß über die Neugestaltung eines ganzen Stadtviertels, wie sie nach der Zerstörung der Zwillingstürme ansteht, nicht der New Yorker Bürgermeister bestimmen wird, sondern die Gouverneure von New York und New Jersey und eine Behörde, die einst gegründet wurde, um einen Frachttunnel zu bauen.

Möglich wurden die Pläne für ein World Trade Center durch die neuen Baugesetze, die 1960 und 1961 verabschiedet wurden. Bis dahin hatte in New York ein Gesetz Gültigkeit, das bereits 1916 verabschiedet worden war und nur in Stufen gebaute Hochhäuser zuließ, die sich nach oben verjüngten. Ihr Grundriß hatte sich nach dem Schachbrettentwurf der Straßenblöcke zu richten, was dazu führte, daß die Wolkenkratzer an den breiten Avenues gebaut wurden, während die Querstraßen mit niedrigeren Gebäuden vor allem für Wohnungen genutzt wurden. Die neuen Gesetze stellten diese Prinzipien auf den Kopf. Hochhäuser, die von der Straße aus geradewegs zum Himmel aufstiegen, vor ihnen Plätze, an denen Straßen plötzlich endeten, und ein in manchen Gegenden vollständiger Kollaps der traditionellen Straßenanordnung waren die Folge.

Für den Entwurf des World Trade Center wählte die Port Authority den japanisch-amerikanischen Architekten Minoru Yamasaki. Er zeichnete sich durch mehrere hundert Gestaltungsvorschläge und konzentrierte sich schließlich auf einen Entwurf, der zwei Wolkenkratzer von siebzig bis achtzig Stockwerken vorsah. Vor ihnen sollte sich eine dem venezianischen San-Marco-Platz nachempfundene Plaza ausbreiten. Die Idee gefiel der Port Authority. Die Werbeabteilung der Behörde allerdings krönte den Vorschlag mit einer eigenen Variante: Warum nicht das World Trade Center zum höchsten Gebäude der Welt machen?

Die Bauherren waren begeistert, Yamasaki, der um seinen San Marco fürchtete, zunächst weniger. Doch er beugte sich den Auftraggebern, stockte seinen Entwurf um zwanzig Etagen auf und entwickelte mit seinen Partnerfirmen eine Technik, die den Bau in solch unbekannte Höhe erlaubte: Er ummantelte ein Stahlskelett, das, während die Türme gebaut wurden, in den Himmel ragte, so wie es später, als die Gebäude zerstört waren, noch lange die Bilder von Ground Zero beherrschte.

Der Protest gegen die Zwillingstürme erhob sich sofort – die Elektronikläden der Gegend schlossen sich zusammen und klagten, erfolglos. Bürgerinitiativen gründeten sich und wurden nicht gehört. Es war das Jahr 1961, als die Stadtplanerin Jane Jacobs mit ihrem Buch *The Death and Life of Great American Cities* die Bewegung der Stadterneuerung durch Kahlschlag argumentativ in die Schranken wies, der sich die Pläne der Rockefellers so nahtlos angeschmiegt hatten. Jacobs kämpfte für den Erhalt organischer Stadtstrukturen, und das World Trade Center war ein Projekt, das diese weiträumig zerstören würde. Doch die Argumente von Jane Jacobs, die heute längst Allgemeingut sind, kamen damals nicht gegen das Erbe von Le Corbusier und seiner Vision vom *Super-Block* an, dem Robert Moses wie Austin Tobin und die Rockefeller-Brüder aus so unterschiedlichen Motiven nacheiferten. Von dem Super-Block

des World Trade Center, das fünfzehn Häuserblöcke umfaßte, wurden Straßen durchschnitten, andere gekappt und das Gewebe des gewachsenen Viertels vollständig zerstört. Heute zielen alle Überlegungen einer Neubebauung dahin, dieses Gewebe wiederherzustellen.
Schließlich mischte sich auch der New Yorker Bürgermeister ein, John Lindsay. Ihm ging es allerdings nicht darum, das Bauvorhaben zu verhindern, sondern um die Grundstückssteuer. Weil das Gebiet unter der Federführung der Port Authority, einer öffentlichen Behörde, entwickelt wurde, standen der Stadt keine Steuern zu. In solchen Fällen wird gemeinhin eine Ausgleichszahlung ausgehandelt, die immer erheblich niedriger ist als der reguläre Steuersatz. Beim Bau von Schulen, Forschungseinrichtungen oder Krankenhäusern scheint das eine vernünftige Regelung, bei einem Projekt wie dem World Trade Center hingegen sieht es aus wie ein geschickter Winkelzug der Planer. Am Ende gestand die Port Authority der Stadt immerhin für jene vierzig Prozent des Komplexes die Grundstückssteuer zu, die an private Unternehmen vermietet waren.

Die städtebaulichen Proteste blieben erfolglos und behinderten die Bauentwicklung nicht. Und selbst die Störversuche von Immobilienbesitzern aus Midtown, die um den Grundstückswert ihrer Gebäude bangten, unter ihnen die Besitzer des Empire State Building, Harry Helmsley und Lawrence Wein, fruchteten nichts. Gegen die Macht der Rockefellers im Verbund mit der Port Authority kam niemand an.

Bei der offiziellen Eröffnung des World Trade Center am 24. April 1973 war Austin Tobin nicht anwesend. Er hatte ein Jahr zuvor im Streit mit dem Gouverneur New Jerseys sein Amt niedergelegt und blieb der Zeremonie verbittert fern. Er erlebte nicht mehr, daß die Plaza zwischen den Türmen zehn Jahre später seinen Namen trug.

Seinen ursprünglichen Zweck, den Süden Manhattans wirtschaftlich und sozial zu beleben, erfüllte der Komplex nie. Statt dessen standen nun in einem Viertel, das bereits mehr Büroraum anbieten konnte, als zu vermieten war, weitere Büroetagen leer. Dennoch stiegen die Grundstückspreise, wie Rockefeller es sich erhofft hatte.

Fünfzig Stockwerke in einem der Türme waren mit Büros des Staats New York besetzt, im anderen residierte die Port Authority. Zwar waren in den drei Jahren vor der offziellen Eröffnung schon die ersten zahlenden Mieter ins World Trade Center eingezogen, doch noch neun weitere Jahre blieb der Neubau ein Verlustgeschäft. Wenn der Immobilienmarkt in eine Krise rutschte, war Lower Manhattan immer das erste Opfer gewesen, und die Existenz des World Trade Center hatte daran nichts geändert. In schlechten Zeiten wie in den siebziger und Teilen der achtziger Jahre stand fast ein Drittel der Türme leer. Und von dem vermieteten Rest waren 1993 nur fünf Prozent von Firmen belegt, die irgend etwas mit dem Warenhandel zu tun hatten. In guten Zeiten allerdings gab es im World Trade Center kaum ein leeres Büro, wie am 11. September 2001.

Für die Port Authority wurde das World Trade Center Mitte der neunziger Jahre eine Belastung. In New York und New Jersey regierten republikanische Gouverneure, die eine Privatisierung des Komplexes vorantrieben, unter anderem auch, damit sich die Port Authority wieder ihren eigentlichen Aufgaben, dem Hafen und Transit, widmen könne. Im Juli 2001 wurde schließlich ein neunundneunzigjähriger Pachtvertrag für das World Trade Center mit dem Bauunternehmer Larry Silverstein und seiner Partnerfirma Westfield America abgeschlossen. Die Port Authority blieb damit im Besitz des Landes, auf dem die Türme standen, die sechs Wochen später unter dem Angriff der Terroristen zusammensackten. Und Silverstein hielt für noch fast ein Jahrhundert einen Mietvertrag für Häuser, die nicht mehr stehen.

Während Tobin die Planung des World Trade Center vorantrieb, verschob er gleichzeitig einen großen Teil der Hafenaktivitäten von New York nach Newark und Elizabeth in New Jersey. Teilweise war das notwendig, weil die Piers in Brooklyn für die Fracht der Containerschiffe, die seit damals den Schiffsverkehr dominieren, nicht genug Lagerraum bot. New York verlor dadurch Zehntausende von Arbeitsplätzen im Hafen und weitere Tausende in den Handwerksbetrieben entlang der Schifffahrtslinien in Queens und Brooklyn.

Ähnlich wie damals der Hafen in Brooklyn für die Containerschiffe, so sind heute die Häfen in New Jersey für eine neue Generation von Super-Schiffen ungeeignet. Die hochmodernen *Post-Panamax*, so genannt, weil sie breiter sind als der Panama-Kanal, können im niedrigen Wasser der schmalen Kanäle vor der Küste New Jerseys kaum navigieren. Die Hafeneinfahrt in Redhook im Süden Brooklyns hingegen ist breit und das Wasser tief. Nichts spräche dagegen, den kommerziellen Hafen dorthin zurückzuverlegen – außer, daß die Waren, unverändert wie schon an der Wende zum zwanzigsten Jahrhundert, von Brooklyn aus nicht weiterkommen.

Der Frachttunnel, der schon so lange nicht gebaut wird, ist daher wieder einmal im Gespräch. Ein unermüdlicher Kongreßabgeordneter aus New York hat ausgerechnet, daß Brooklyn mit einer Verschiebung der Frachtschiffahrt etwa fünfzigtausend Arbeitsplätze gewinnen könnte. Auch für weit vom Hafen entfernt liegende Siedlungen wäre der Tunnel ein Segen. Hunderte Asthmatiker entlang dem Cross Bronx Expressway könnten ein wenig freier atmen, wenn etwa eine Million Lastwagen weniger pro Jahr auf der Autobahn vor ihrer Haustür mit laufendem Motor im Stau ständen und deren Waren statt dessen auf Schienen in die Stadt rollten. In den meisten Zentren des Landes werden sechzig Prozent der Lieferungen über die Straße und vierzig über den Schienenverkehr abgewickelt. In New York ist das Verhältnis etwa achtundneunzig zu zwei Prozent.

Doch die Lastwagen sind einer der Gründe, warum die Port Authority dem Plan auch heute nicht zugeneigt ist. Sie verdiente im Jahr 2000 an Brücken- und Straßenzöllen sowie Flughafenmieten zweihundertvierundfünfzig Millionen Dollar. Soviel ist mit einem Schienentunnel nicht annähernd zu verdienen. Noch auf unabsehbare Zeit also werden Frachtzüge, wenn sie vom amerikanischen Festland nach New York gelangen wollen, den Hudson in Selkirk überqueren. Das ist ein kleiner Ort im Bundesstaat New York, dreihundertvierundfünfzig Kilometer nördlich der Stadt.

Die Macht des Transports

World Trade Center, sagt der Zugführer, nach einer Pause *Ground Zero*, schließlich *Endstation*. Es ist Anfang Februar im Jahr 2002. Die U-Bahn der Linie E fährt endlich wieder dieselbe Strecke, die sie vor dem 11. September 2001 nahm, und dies ist einer der ersten Züge vom äußeren Rand von Queens nach Manhattan. Nach der Unterquerung des East River kreuzt die E-Linie Manhattan auf Höhe der einundfünfzigsten Straße. Sie schiebt sich von der Lexington Avenue immer weiter nach Westen zur fünften über die siebte bis zur achten Avenue und fährt von dort in einer flachen S-Kurve hinunter bis zur Südspitze mit der Endstation World Trade Center. Fast fünf Monate lang drehte sie einen Halt vorher um. Auch jetzt steigen die meisten Reisenden an der Canal Street aus, drängen sich in der Menge die Aufgangstreppen nach oben, auf die Straße voller chinesischer Händler, die alles verkaufen, was man fälschen kann, Uhren, Taschen, Halstücher. Einige Verkäufer klappen zum Abschluß eines Handels ihre Jacken auf, in deren Innenfutter in Dreierreihen die Etiketten der beliebtesten Designer aufgefädelt sind, die das billige Souvenir veredeln. *Hermès? Kate Spade?*

Nur ein paar Penner, die U-Bahn fahren, um im Warmen zu sein, bleiben sitzen oder auch liegen, weil sie wieder zurückfahren wollen, wenn der Zug an der Endstation kehrt macht. Einige andere steigen nicht aus, weil sie sich ansehen wollen, was von der einst prächtigen Station unter dem World Trade

Center geblieben ist. Wir rattern unter den Fundamenten unversehrter Gebäude hindurch und unter dem Schutt der zerstörten. Keiner spricht. Jede Bewegung wird gedämpft von dem gemeinsamen Gefühl einer großen Scheu.

Monatelang lag die Endstation unter Staub und schmierigem Schutt fast unversehrt. Für niemanden, der nicht mit den Bergungsarbeiten zu tun hatte, hätte sie ein Ziel sein können, und niemand wußte, wie stabil sie tatsächlich war. Ihre Ausgänge führten in die innere Zone um Ground Zero. Oben, auf der Straße, waren sie mit Brettern vernagelt, die für viele Wochen als Anschlagtafeln der Angehörigen der Opfer dienten. Fotokopierte Steckbriefe der Vermißten hingen hier, Plastikblumen, manchmal ein Fähnchen oder ein Hemd, und dann, als die Steckbriefe und Fotos langsam verschwanden, wurden aus den Brettern Schreibtafeln für markige Sprüche, für Gebete und Appelle. *Mohamed Atta, Rot in Hell* (Mohamed Atta, Verrotte in der Hölle). Die Soldaten der National Guard wachten darüber, daß niemand die Bretter übersprang, sie patrouillierten mit täglich wachsendem Selbstbewußtsein, als müßten sie schützen, was schon zerstört war, und als sei jeder, der sich hier bewegte, eine neue Bedrohung. Wer regelmäßig dieses Gebiet passieren mußte, ließ seinen Ausweis an einer Schnur über der Jacke baumeln, um nicht immer wieder angehalten zu werden.

Fulton Street, eine Station nördlich der Börse, an einer anderen Linie, wenige Tage nach den Anschlägen. Fast alle steigen aus, und nur zögernd, so scheint es, gehen sie die engen Treppen auf die Straße empor. Näher als hier, wo Soldaten in Tarnanzügen

COLORS
KISSPROOF
BWAY 7TH AVE EXPRE
INVITE ROMANCE
WITH
USH AVE BKLYN

jeden weiterscheuchen, der ein paar Augenblicke stehenbleibt, waren viele dem Katastrophengebiet noch nicht gekommen. Der einstige Komplex des World Trade Center liegt einen Straßenblock weiter im Westen. Der Broadway bildet die Grenze zur gesperrten Zone, am westlichen Bürgersteig stehen die Barrikaden: *National Rent-a-Fence*. Hier patrouillieren bewaffnete Soldaten, und an manchen Stellen sieht es so aus, als bewachten sie die lange Reihe der mobilen Toilettenhäuschen. Durch die Querstraßen kann man dann auf die Ruinen blicken, bizarre Gebilde aus Stahl, aus denen bei aller Anstrengung auch die Phantasie kein Hochhaus mehr rekonstruieren kann.

Es ist einer jener strahlenden Septembertage, an denen die gerade erst vergangene Schwüle des Sommers weiter zurückzuliegen scheint als der letzte Schnee. Warum brennt es hier immer noch? Die Luft ist schwer von dem süßlichen Gestank verrottender Materie, den viele mit Atemmasken zurückzudrängen suchen. Andere halten sich Waschlappen vor den Mund, Taschentücher oder auch ihre Krawatten, wenn ein Windzug dickere Schwaden in die Straße treibt. Einige der Polizisten und Soldaten tragen ihre Masken ebenfalls, vielen aber baumeln sie am Gürtel wie lässigen Motorradfahrern der Helm.

Graffiti war in den letzten Jahren dank Bürgermeister Giulianis Ordnungssinn nahezu aus Manhattan verschwunden. Jetzt wird überall gesprayt. Blau und schwarz auf den heruntergelassenen Eisenrolläden der Geschäfte am Broadway, die noch geschlossen bleiben, rot auf den hölzernen Abriegelungen der

U-Bahn-Stationen. Bei McDonalds sind die kryptischen Nachrichten einfach mit dem Finger in den Staub geschrieben, der immer noch an den Fenstern klebt: L806, 128th Av3D Pest Control.

An einer Ecke haben unermüdliche Wassergüsse der Anwohner einen Teil des Staubs als zähen Schlamm in den Rinnstein gespült, doch die Schaufenster der Läden sind noch mit einer dicken Schicht bedeckt. Burger King bleibt geschlossen. Daikichi-Sushi auch. Eine Straße weiter, durch Maiden Street, blickt man auf ein ausgebranntes schwarzes Hochhaus mit eingedrückten Fenstern. Ein verkohlter Kasten. Daneben ragen Metallgerippe in die Luft, von der Sonne zum Glänzen gebracht. Eine der seltsamen Ruinen sieht aus wie ein hochgereckter Zaun, in den weit oben irgend jemand Löcher gerissen hat, wie es Inhaftierte tun, die nach draußen wollen. Dahinter wird das World Financial Center mit seinen mächtigen Hochhäusern sichtbar, die seit dem 11. September die Skyline der Südspitze Manhattans dominieren. Ganz oben ist ein Fenster zerborsten, es sieht harmlos aus, als hätte ein Kind es mit einer Schleuder eingeschossen. Auf der anderen Seite ragt ein Wassertank in die Höhe. Der erste vertraute Anblick.

Am südlichen Broadway, wo neben den Bergungsmannschaften die New Yorker Polizei, die Armee, die Nationalgarde und private Sicherheitsdienste damit beschäftigt sind, den Zugang zum Katastrophengebiet zu sichern, wo Hummer-Jeeps der Militärpolizei über die Schlaglöcher rollen, ist die amerikanische Flagge nicht ganz so allgegenwärtig wie in weiter entfernten Stadtteilen. Um die Säulen der New York Stock

Exchange ist eine riesige Fahne gespannt, aber die Menschen, die sich hier bewegen, schwenken nichts und tragen auch anderweitig ihren Patriotismus nicht zur Schau. Viele haben aufgehört zu weinen. Manche fangen hier erst an.

Die Grenze der verbotenen Zone um Ground Zero zog sich mit dem Fortschreiten der Aufräumungsarbeiten immer weiter zurück, einige Geschäfte in der Gegend öffneten wieder, und sei es nur, um ihre Waren weit unter Wert den wenigen Käufern nachzuschleudern und ihre Lager zu räumen. Anwohner, soweit sie in den etwas entfernteren Straßenzügen wohnten, kamen zurück in ihre gesäuberten Wohnungen. Die Straßen wurden auch für Zivilisten wieder befahrbar. Die Männer und Frauen der National Guard zogen ab, mit ihnen verschwanden die kriegerischen Uniformen und die Hummer-Jeeps. Die Luft schmirgelte die Atemwege immer noch wie Sandpapier, aber offizielle Messungen, an die niemand glaubte, hatten ergeben, daß sie sauber sei. Einige Wochen später wurde bekannt, daß die Stadt hohe Belohnungen aussetzen wolle für alle, die südlich der Canal Street eine Wohnung mieteten oder kauften und für mindestens zwei Jahre dort wohnen blieben. Der Wohnungsmarkt in jener Gegend, die nach den Anschlägen auf Jahre abgeschrieben schien, erholte sich schnell, vorübergehend. Private Vermieter vergaben darüber hinaus Mietabschläge von bis zu dreißig Prozent, ein Angebot, das auf einem der teuersten Immobilienmärkte der Welt kaum jemand ausschlug. Im Februar gab es keinen Grund mehr, die Endstation der E-Linie geschlossen zu halten.

Mit quietschendem Zischen preßt der Zug die Luft aus den Bremsen und kommt zum Stehen. Wir treten hinaus in eine unerwartete Geräuschlosigkeit. Immer noch hängen Reste des beißenden Geruchs von verkohltem Plastik in der Luft. Alles sonst ist so blank und sauber, als hätten die Reinigungsmannschaften gerade eben erst ihre Lappen und Eimer eingepackt und seien schnell verschwunden, bevor der Zug hielt. Wie in vielen U-Bahnhöfen in New York sind die Kacheln weiß, doch hier wird die weiße Fläche in unregelmäßigen Abständen von einem kleinen Muster durchbrochen, das der nähere Blick als fein gezeichnetes Auge identifiziert. Die Station liegt da wie ein ruhiger weißer See, in dem unzählige Augen schwimmen. Es sind die Reste eines Kunstprojekts, das vor zwei Jahren installiert wurde, und die Augen sind die Augen von dreihundert Schülern, die sich daran beteiligten, eine surrealistische Spielerei, die früher kaum wahrnehmbar war und die heute, nach wie vor profund bedeutungslos, sich dem Blick aufdrängt, wohin er sich wendet. Es sind dies die jämmerlichen Reste der New Yorker Tradition, die U-Bahnhöfe künstlerisch auszustatten und zu gestalten, mit Bronzeapplikationen, einst eichenen Fahrkastenhäuschen und Terracottafriesen, die längst unter Werbeverkleidungen verschwunden oder zerstört sind.

Schilder, die den Weg zum World Trade Center wiesen, sind mit schwarzem Klebeband überklebt und die Zugänge zum fensterlosen Einkaufszentrum unter den Zwillingstürmen mit garagentorgroßen Brettern versperrt. Die Station war einmal riesig, nach allen Richtungen spreizten sich lange Gänge, es war voll und die Luft war schlecht und jeder Fehler beim Navigieren des eigenen Fußwegs in der ewigen Dämmerung künstlicher Beleuchtung führte zu unhöflichen Verspätungen für Verabredungen, die mangels markanter Orte gerne »vor Gap« oder »am Eingang von Banana Republic« getroffen wurden. Von Gap sind die Fotografien in den Zeitungen geblieben, Ausstellware unter Staub. Es soll Plünderungen gegeben haben in den Tagen nach den Anschlägen, so berichteten einige Zeitungen, doch nach den ersten kurzen Meldungen kümmerte sich niemand mehr darum. Aber die einst so verwirrenden Wege zu den Läden wurden vernagelt. Die Endstation des E-Zugs ist heute übersichtlich und die Welt verschwunden, in deren Zentrum sie einmal lag.

Für viele Wochen nach den Terroranschlägen wußten die New Yorker nicht mehr, welche U-Bahn, welcher Bus sie an ihr Ziel bringen würde. In den ersten Tagen war am Bahnhof Penn Station Schluß, weiter südlich mußte man laufen. Dann markierte für eine Weile die vierzehnte Straße die Grenze, hinter der es nicht weiterging, später die Canal Street, schließlich fuhren die meisten U-Bahnen wieder ungefähr ihre alten Routen. Nur die Südspitze am Fährhafen zu den anderen Inseln war nach wie vor unerreichbar, und die Stationen, die unter der Katastrophenstelle lagen, blieben weiterhin gesperrt. Mehr als dreihundert Meter Tunnel, die unter den Gebäuden des World Trade Center hindurchführten, waren bei deren Einsturz verschüttet worden. Der Bahnhof der Port Authority unter dem World Trade Center, der Endstation für all jene war, die zum

Arbeiten aus New Jersey in die Stadt kamen, bleibt auf unbestimmte Zeit geschlossen. Die Pendler sind auf die kurzfristig eingerichteten Fährdienste umgestiegen. Auf dem Weg nach Brooklyn durchfuhren die Züge für viele Wochen in gedrosseltem Tempo die beschädigte Haltestelle Chambers Street, die mit dem unterirdischen Einkaufszentrum des World Trade Center verbunden war, durch stillgelegte Nebentunnel. Noch viele Monate lang drang der ätzende Gestank von oben durch die Fensterschlitze in den U-Bahn-Waggon. Die Fahrgäste zogen ihre Schals vors Gesicht und atmeten flach.

Jeder New Yorker kennt zumindestens jene unterirdischen Strecken im Schlaf, die er regelmäßig benutzt. Er weiß, in welcher Höhe der Bahnsteige an den verschiedenen Stationen die Ausgänge plaziert sind, und steigt in den Wagen ein, der am Zielort den Drehkreuzen am nächsten ist, springt an den Schnellzugstationen vom Bummelzug in den Expreß, überholt auf diese Weise auf wenigen Kilometern den vorangegangenen Lokalen, in den er am nächstmöglichen Stopp überwechselt, zufrieden, einige Minuten gespart zu haben. Nach dem 11. September ging all dies nicht mehr. Als im Norden und Osten von Manhattan nach wenigen Wochen wieder eine etwas unheimliche Normalität sich breit zu machen suchte, hielt die Unsicherheit angesichts der undurchschaubaren Umleitungen, Stilllegungen, Gleiswechsel und Transferänderungen den Alltag auf Abstand.

Die ersten Züge, die nach den Terroranschlägen ihre gewohnte Strecke wieder befuhren, waren die N- und die R-Linie. *Never* und *Rarely* nennen sie die annähernd eine Million Passagiere, die sie täglich auf dem Weg von Brooklyn in die Bronx benutzen müssen, denn sie kommen selten und folgen einem erratischen Fahrplan, der dafür sorgt, daß wann auch immer man auf den Bahnsteig kommt, der Zug gerade abgefahren ist. Die Wartezeit für den nächsten ist länger als auf anderen Linien, keiner der Züge fährt als Expreß, und doch sind die Unannehmlichkeiten, die N und R bereiten, nicht so übermächtig, daß sie zum Prahlen verleiten, wie zum Beispiel die der F-Linie, deren Signet auf T-Shirts gedruckt wird, als wollte der Träger sagen: Seht her, ich komme aus New York, und f-... you, trotz F-Zug bin ich hier angekommen.

Seit die Stadt so sicher geworden ist, daß ihre Polizeichefs in Großstädten überall in der Welt ihre Kollegen trainieren, die sich einen ähnlich drastischen Rückgang der Verbrechen wünschen, ist die Beförderung im Untergrund wieder die schnellste und am meisten benutzte Art, in New York voranzukommen. Auf ihren historischen Tiefstand war die U-Bahn in den siebziger und achtziger Jahren gesackt. Es war gefährlich, sie am Abend oder nachts zu benutzen, Bettler bedrängten die Fahrgäste, Raubüberfälle im Tunnel waren nicht ungewöhnlich. Die Wände der Wagen verschwanden außen und innen unter Graffiti. Die Passagierzahl sank, weil jeder, der es sich leisten konnte, der Stadt den Rücken kehrte, deren Kriminalitätsrate auch hartgesottene Abenteurer verschreckte. Doch die Stadtflucht war ein sehr vorübergehendes Phänomen, das auch nach dem 11. September nur für kurze Zeit als Geist aus vergessenen

Zeiten durch New York huschte und wieder verschwand. Zu keiner Tageszeit muß man sich heute in der U-Bahn fürchten, viele Stationen sind oder werden renoviert. Das dauert an manchen Haltestellen lange Jahre. An einem der wenigen oberirdischen U-Bahnhöfe auf dem Broadway sitzt samstags nachts seit vielen Wochen ein einzelner Arbeiter über dem gesperrten Gleis auf einer Leiter und kachelt die Wand. Im vergangenen Sommer hatte ein ebenfalls einziger Arbeiter in wochenlanger Handarbeit die alte Dekoration abgeschlagen und nur einen Zierstreifen stehen lassen. Die gedehnten Bewegungen des Kachellegers, dem der Zierstreifen die Wasserwaage ersetzt, lassen seinen mächtigen Rücken völlig unerschüttert. Nur minimal wird die Leiter von Woche zu Woche verschoben, als lege er ein kompliziertes Mosaik, wie es hier früher einmal angebracht war. Am Times Square, dessen Haltestelle am Ende der Verschönerungsarbeiten unter Millionen weißer Kacheln aussehen wird wie eine gigantische Bedürfnisanstalt, verändern sich hingegen die Gerüste und Absperrungen täglich, so daß niemand mehr weiß, wie die Ausgänge am schnellsten zu erreichen sind und Umsteiger orientierungslos herumirren. Trotz dieser Hindernisse, die sich überall in der Stadt türmen, und obwohl die Waggons, die vor Jahren in Japan bestellt worden waren, zu den Stoßzeiten brechend voll und die Mulden in den Sitzbänken für die meisten amerikanischen Hinterteile viel zu schmal sind, war die U-Bahn längst wieder einer der Pfähle, auf die sich das Leben in New York stützte. Jetzt aber kroch eine Beklemmung durch die Waggons, als lauere ähnlich wie vor fünfundzwanzig Jahren überall Gefahr. Bei jedem Stopp zwischen den Haltestellen verstummten die Gespräche. Die Zugführer gewöhnten sich an, beruhigende Ansagen durch die Lautsprecher zu schicken, die kaum zu verstehen waren, aber allein durch das vertraute Geknatter die Nerven entschärften. Abgesperrte Eingänge, von Polizisten bewacht, deren Kollegen am anderen Ende der Treppe nach Bomben oder, als die Bedrohung durch Milzbrandanschläge die Stadt verängstigte, nach weißem Pulver suchten, wurden ein gewohnter Anblick. Lokale Züge auf den Gleisen des Expreß, Expreßzüge mit lokalen Stopps, Mischformen und auch das unerwartete Ende einer Fahrt irgendwo zwischen den Endstationen wurden für einige Monate die Unregelmäßigkeit, mit der man rechnen mußte. »Wir sind so weich«, sagten einige New Yorker mit Blick auf die Geschichte und den Rest der Welt, »und so auf uns selbst konzentriert, daß wir meinen, jede Erschütterung unserer gewohnten Normalität sei etwas ganz »Besonderes.« Doch selbst die Kritiker einer Haltung, die nur Opfer kannte und Helden und die Bösen, lebten in dem verunsichernden Gefühl, mit den Streckenplänen der U-Bahnen könnten auch andere Pfeiler in der Alltagsorganisation wegbrechen. »Wie geht's?« – »Na ja …« – das ist in New York ein dramatischer Dialog. Man hörte ihn den ganzen Winter hindurch.

Es war daher ein großer Erfolg der Behörden, daß die E-Linie nicht einmal ein halbes Jahr nach den Terroranschlägen wieder ohne Umleitung und Einschränkung fuhr, wie sie sollte, so daß niemand zu bedenken gab, daß der Zweck der so stolz wiedereröffneten Endstation verschwunden war. Geblieben sind: Vor dem Zeitungsstand *WTC Novelties* ein Rolladen, vor den Passagen Bretterwände, und am Ende der Treppen zur Church Street ein verrußter Koloß, das Millennium Hotel. Auf der anderen Seite liegen die Aussichtsplattformen, von denen aus Touristen die Aufräumarbeiten am Ground Zero beobachten. Die langen Schlangen, in denen sie noch zum Jahresanfang viele Stunden lang anstanden, sind verschwunden, seit farbkodierte Karten verteilt werden, die jedem Besucher eine genaue Uhrzeit vorgeben, zu der er ohne Stau und Wartezeit auf Ground Zero blicken kann. Für Filip Jakaj und Frank Djerdjaj, zwei Albaner aus dem Kosovo, die seit fünfzehn Jahren in New York leben und seit neun die Pizzeria *Little Italy Pizza* am Park Place betreiben, endete damit die kurze Phase, in der sie endlich wieder Kundschaft hatten. Die Warteschlange zog sich an den meisten Tagen weit in den Straßenblock hinein, in dem ihr Lokal liegt, und beim Warten wurden die Leute hungrig.

Die Straßen, die an Ground Zero grenzen, wurden neun Monate nach den Anschlägen wieder für den normalen Verkehr geöffnet. Bis zum Jahresende 2002 sollen alle U-Bahnen wieder ihre angestammte Strecke fahren und alle Stationen, die vorübergehend stillgelegt waren, bereits im frühen Herbst wieder in Betrieb sein. Alle, bis auf die Haltestelle Cortland Street. Sie liegt direkt unter dem World Trade Center und wurde, als die Türme kollabierten, von einem zwei Stockwerke hohen Gebäudeteil durchbohrt. Inzwischen sind Decken und Wände stabilisiert worden, so daß Züge die Station passieren können. Eine Geisterstation, wie es viele gibt auf stillgelegten Strecken.

Während die Endstation des E-Zugs noch wie ein amputiertes Relikt daliegt, das die wenigen Reisenden mit lautlosen Schritten so schnell wie möglich fliehen, sind auf der gegenüberliegenden Seite von Ground Zero neue Verkehrswege entstanden. Private Arbeitgeber haben einen Pendelbusverkehr eingerichtet, um ihre Mitarbeiter von U-Bahn-, Bus- und Fährbahnhöfen zu ihren alten Arbeitsplätzen zu bringen. Zahlreiche der am 11. September evakuierten Angestellten arbeiteten monatelang in engen Notquartieren, die in Filialen oder anderen Geschäftsbereichen ihrer Firma eingerichtet worden waren, eine Lösung, die niemanden in der Illusion wiegen konnte, sie sei als dauerhafte gedacht. Über achteinhalbtausend Geschäfte und Büros lagen im Umkreis einer halben Meile vom World Trade Center. Mehr als eine Viertelmillion Angestellte arbeiteten hier. Viele

werden zurückkommen, manche Firma schon sehr bald. Neben allem anderen, das sie unruhig macht, haben sie ein Transportproblem.

Westlich der Katastrophenstelle liegen die Gebäude des World Financial Center. Sie wurden zwar beschädigt, als die Zwillingstürme in sich zusammensackten, sind aber strukturell stabil geblieben. Die Telefonleitungen und Stromversorgung mußten wiederhergestellt, die Sicherheitssysteme getestet, der Asbeststaub entfernt und Türen und Fenster erneuert werden. Das war in wenigen Monaten zu leisten, so daß die Mieter unabhängig von allen Plänen, was im südlichen Manhattan nach Abschluß der Räumungsarbeiten gebaut werden soll, ihre Büros wieder beziehen konnten. Für die Mitarbeiter, die am 11. September knapp mit dem Leben davonkamen, ist das eine Zumutung; für die Firmen, die mit langfristigen Mietverträgen gebunden sind, oft die ökonomisch einzig mögliche Entscheidung.

Den Anfang machte die Investmentbank Merril Lynch. Bereits drei Wochen nach dem terroristischen Angriff brachte die Firma ein acht Stockwerke hohes Sternenbanner an dem Hochhaus mit der blanken Kuppel an und machte es damit zum Blickfang im Katastrophengebiet, an dem keine Fernsehkamera vorbeiglitt. Neuntausend Angestellte der Bank, die vorübergehend nach Jersey City am gegenüberliegenden Ufer des Hudson ausquartiert worden waren, schauten aus ihren Fenstern direkt auf dieses Zeichen ihrer patriotischen Pflicht zur Rückkehr. Doch die Fahne machte schlapp, sie war zu groß, um den Winden in so großer Höhe standzuhalten, und mußte nach knapp zwei Wochen wieder eingeholt werden. Die Bank aber machte mit ihrem Plan ernst, so schnell wie möglich wieder ihr altes Quartier in Besitz zu nehmen. Am 1. Januar brachte sie sechstausend Angestellte zurück in ihre Büros im World Financial Center. Sie wurden am Pendelbus empfangen von Mitarbeitern in gelben Hüten und gelben Westen, die die Angestellten zu ihren Büros geleiteten durch unbekanntes Gebiet.

Der Marmor in der Eingangshalle glänzt, frisch eingetopfte Lilien blühen. Der einzige Zugang liegt ein wenig abgesenkt, und von dort steigen die Rolltreppen geradewegs zur amerikanischen Flagge hinaufsteigen, die hier, in der Bel Etage des wiederhergerichteten Gebäudes, keinerlei Stürmen zu trotzen hat. Ein Besucherbüro gibt vorläufige Ausweise aus. Listen der Restaurants in der Gegend, die wieder geöffnet haben, wurden zusammengestellt, Kundendienst am Angestellten. Die Listen sind mit sechzehn Adressen kurz im Vergleich zum Sommer, als die Lokale Tür an Tür um Gäste kämpften, aber lang genug, um eine Wiederbelebung der Tradition mitgebrachter Wurstbrote im Zaum zu halten.

Wie in der Endstation des E-Zugs sind auch im Foyer des World Financial Center zahlreiche Durchgänge versperrt. Gänge enden an Gittern, Flure an Bretterwänden. Der Wintergarten mit seinem fünfundvierzig Meter hohen Atrium, das von innen an eine Kathedrale, von außen an einen phantastischen Bahnhof erinnerte, in dem haushohe Palmen wuchsen und einmal im Jahr auch prächtige Orchideen, wenn die Blumenschau stattfand, ist noch nicht wieder begehbar. Am 11. September war er der Fluchtweg für viele, die von ihren Schreibtischen aus sehen und hören konnten, wie die Flugzeuge in den Türmen nebenan explodierten. Manche benutzten noch die Aufzüge, um ins Freie zu kommen, rannten durch den Wintergarten zur Promenade an der Marina, wo die schönsten Yachten ankerten, die sich in New York blicken lassen wollten. Heute liegt die Marina verlassen da, und die Promenade ist leer. Dabei sieht man von hier in erschütternder Nähe das Vakuum in diesen drumherum dicht bebauten Straßen, an dem sich der Blick festsaugt, bis die vergangenen Konturen in der Erinnerung wiederauferstehen. Die grandiose Marmortreppe drinnen, die der Film *Das Fegefeuer der Eitelkeiten* 1989 berühmt machte, bevor viele Jahrgänge New Yorker Kleinkinder hier zu krabbeln lernten, ist schwer beschädigt. Früher führte sie zur überdachten Fußgängerbrücke hinüber ins World Trade Center, die vollständig zerstört ist. Die Brücke im Süden des Häuserkomplexes aber stand monatelang ziellos da wie ein entgleister Zug.

Die Hochhäuser des World Financial Center, zwischen World Trade Center und Hudson gelegen, waren bis zum letzten Quadratmeter vermietet. Mehr als vierzigtausend Menschen arbeiteten hier, alle überlebten die Anschläge. Im Frühsommer 2002 war eine große Zahl von ihnen zurückgekehrt. Vorher aber mußten sie lernen, wie sie dort hinkommen. Kamen sie vom Norden oder Osten mit der U-Bahn, war früher Cortland Street ihre Station. Pendelten sie von New Jersey ins südliche Manhattan, war der Bahnhof Word Trade Center der Port Authority ihr Ziel. Beide sind zerstört.

Laufen ist in New York immer eine Alternative, auch zum maßgearbeiteten Pendeldienst. Von der Endstation der E-Linie bis zu einer der Busrouten führen schlammige Straßen, auf denen der Schutt vom Ground Zero ab- und später Baumaterialien hintransportiert werden. An einer Ecke weist ein Schild die Richtung. Im weißen Zelt von *Miller Environment* werden Schadstoffwerte gemessen, in der Luft, im Boden, in den staubigen Überresten. Kleine private Altäre erinnern immer noch an die Opfer. *In God We Trust* meldet eine Plane, die sich über die Straße spannt, *World Peace Before 2010* fordert in Wachsmalkreide jemand auf einem Holzverschlag. Vielleicht wird aus der Leere, die hier vernagelt ist, einmal eine Baugrube. Das Bankers-Trust-Gebäude steht da als schwarzer Monolith, umspannt von Netzen, die die Arbeiter vor herabfallenden Gebäudeteilen schützen. Abends gehen kleine Lichter an, die nicht einmal die Fenster ganz beleuchten. In ihrem schwachen Schein sehen die Netze aus wie versengte Spinnweben und das Haus wie die Kulisse eines grausamen Märchens. Es ist ein Haus, das einen anblickt, als wohne hier das Unheimliche und nicht die Deutsche Bank.

Das Geld

»Liebe! Die Luft duftet nach Libido! Es ist acht Uhr fünfundvierzig am Morgen, Donnerstag morgen in der U-Bahn-Haltestelle an der fünfzigsten Straße am Broadway, und zwei, Kinder fast noch, sind in einer Art Fischgrätwelle aus Armen und Beinen ineinander verhangelt, was beweist, so muß man zugeben, daß Liebe in New York nicht auf den Sonntag beschränkt ist. Trotzdem, unter diesen Umständen! All die Gesichter, die in Klumpen aus dem Lokalzug hervorschießen. Die Drehkreuze beginnen zu knallen, als würden die Flöze der Welt zusammenbrechen. Vier Schritte hinter den Drehkreuzen stauen sich schon alle für den Aufstieg über die Rampe und die Treppen ins Freie, in einem riesigen Schacht voller Fleisch, Wolle, Fell, Leder und Gummi. Das Blut preßt sich ruckartig hüpfend durch jedermans sklerotische Arterien, aufgepeitscht von zu viel Kaffee und der Anstrengung, vom U-Bahnsteig während der Stoßzeit auf die Straße zu gelangen. Und doch, auf dem Treppenabsatz stehen ein Junge und ein Mädchen, beide etwa achtzehn, in einer dieser – Meine Sünde! – äußerst rückgratzerbrechenden Umarmungen.«

Die Haltestelle, von der Tom Wolfe in einer kurzen Erzählung aus dem Jahr 1965 mit dem Titel *A Sunday Kind Of Love* erzählt, ist zu Stoßzeiten immer noch ein dampfender Menschentrog, und Liebespaare sind dort ein so ungewöhnlicher Anblick, daß sie auch heute, würden sie erspäht, eine Geschichte wert wären. Statt dessen sitzt hier ein Bettler, Tag

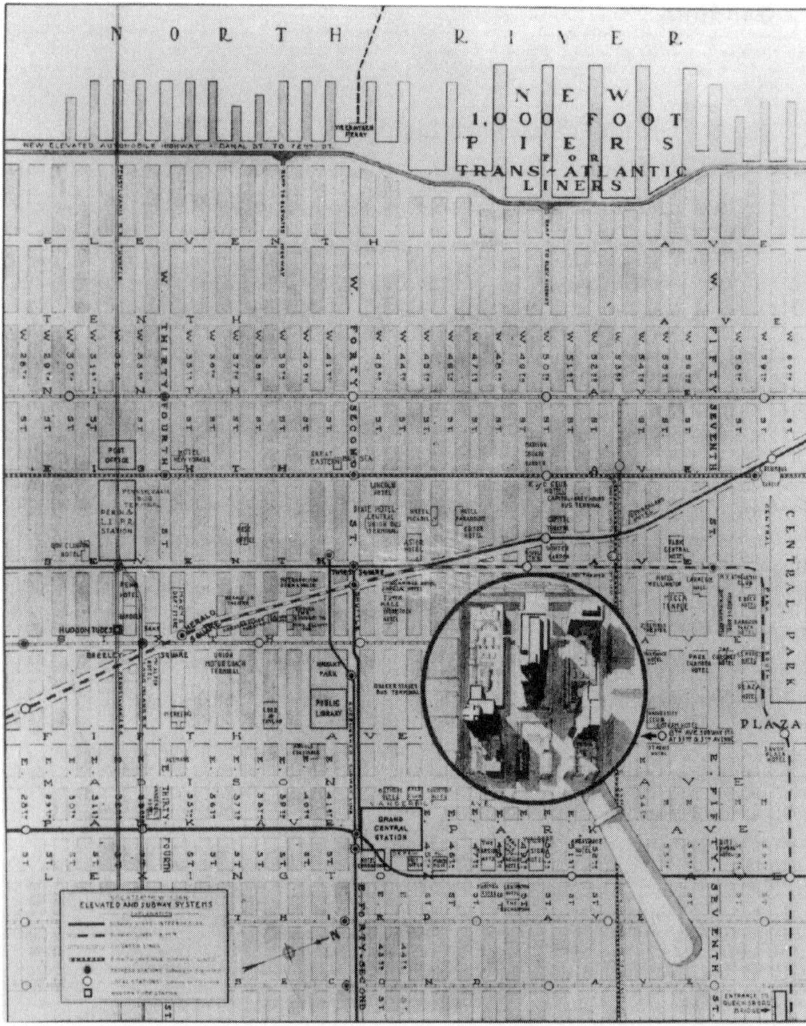
NORTH RIVER
NEW 1,000 FOOT PIERS FOR TRANS-ATLANTIC LINERS
NEW ELEVATED AUTOMOBILE HIGHWAY - CANAL ST. TO 72ND ST.
ELEVENTH AVE.
TENTH AVE.
EIGHTH AVE.
SEVENTH AVE.
FIFTH AVE.
PARK AVE.
LEXINGTON AVE.
THIRD AVE.
SECOND AVE.
THIRTY FOURTH ST.
FORTY SECOND ST.
FIFTY SEVENTH ST.
CENTRAL PARK
PLAZA
POST OFFICE
HUDSON TUBES
HERALD SQUARE
GREELEY SQUARE
TIMES SQUARE
BRYANT PARK
PUBLIC LIBRARY
GRAND CENTRAL STATION
ELEVATED AND SUBWAY SYSTEMS
ENTRANCE TO QUEENSBORO BRIDGE

und Nacht, und duckt sich unter dem Gedrängel gegen die Stufen, deren staubiges Grau in seine Kleider geschlichen ist. Wer an der fünfzigsten Straße am Broadway morgens aus der U-Bahn steigt, hat nicht die Liebe im Kopf, sondern das Geld.

Die terroristischen Anschläge im Süden Manhattans, so hieß es, trafen ins Herz des Finanzbezirks. Das ist nicht ganz korrekt, denn der Bereich der Wall Street und der angrenzenden Straßen einschließlich des World Trade Center und des World Financial Center waren nur eine der Herzkammern des Geldverkehrs. Die andere ist Midtown, das traditionelle Geschäftsviertel New Yorks. Hier wohnt das Geld, und hier hatten viele der Firmen und Banken, deren Büros am 11. September 2001 zerstört wurden, immer schon eine, manchmal ihre erste Adresse. Zahlreiche durch die Anschläge bürolos gewordene Angestellte zogen in diese unversehrten Filialen um, die Stühle wurden zusammengerückt und Konferenzräume als Großraumbüros benutzt. Downtown Manhattan war das drittgrößte Geschäftszentrum der Vereinigten Staaten. Doch auch das größte liegt in New York: Midtown.

Midtown ist im Norden von der neunundfünfzigsten Straße und im Süden von der vierunddreißigsten begrenzt. Nach Osten erstreckt sich das Viertel etwa bis zur dritten, nach Westen zur achten Avenue. Die berühmtesten Wolkenkratzer der Stadt liegen in diesem Gebiet, das Empire State Building und das Chrysler Building, das Seagram und das Helmsley, die Hochhäuser der International Business Machines und der American Telephone and Telegraph, und auch das Met Life Building, das für älterne New Yorker immer das Pan Am Building bleiben wird. Die Mitte des Viertels nimmt das Rockefeller Center ein. In seiner Nähe empfangen die berühmtesten Hotels ihre Gäste. Über die Bahnhöfe Penn Station und Grand Central Terminal und die Straßen- und U-Bahn-Kreuzungen am Times Square und am Columbus Circle kommt hier jeder an, der nach New York will.

Wer in Long Island oder in New Jersey, in Washington, Philadelphia oder Boston in den Zug steigt, wer mit dem Bus von einem der Flughäfen in die Stadt fährt oder wer in der Bronx die U-Bahn nimmt, alle gelangen ohne umzusteigen nach Midtown. Die nahtlose Verkehrsanbindung ist der größte Vorzug der Stadtmitte gegenüber Lower Manhattan. Schon vor den Terroranschlägen hatten Finanzfirmen wie CIBC Oppenheimer und J. P. Morgan ihr Aktionszentrum hierher verlegt, um ihren Kunden näher zu sein und ihren Angestellten die Anfahrt zu erleichtern. Lehman Brothers, Cantor Fitzgerald, Fiduciary Trust folgten nach dem 11. September, und Unternehmen wie Citigroup oder die Deutsche Bank, die Commerzbank und Morgan Stanley Dean Witter hatten immer schon ein Standbein hier.

Die Stadt machte gewaltige Anstrengungen und die Bundeskasse ließ es sich einiges kosten, um diese Firmen aus Midtown wieder wegzulocken und sie zurück in den Finanzbezirk zu bringen, nachdem die gröbsten Aufräumarbeiten abgeschlossen waren. Viele Millionen Dollar wurden als Belohnung für all jene ausgesetzt, die ihre alten Büros, so sie noch standen, wiederbezogen oder sich neue Quartiere südlich der Houston Street suchten. Diese Vergünstigungen ließen die Mieten im

Süden um vierzig Prozent gegenüber Midtown sinken. Niedrige Mieten sind ein, aber nicht der wichtigste Grund für weltweit operierende Konzerne, sich hier oder dort anzusiedeln. Die Erfahrung in Midtown New York wie in anderen Metropolen lehrt, daß es das Transportsystem ist, das einen Stadtteil fürs Geschäft erschließt. Der wirkungsvollste Anreiz für jede Firma, von Lower Manhattan aus Geschäfte und den Süden der Stadt gegenüber seiner Mitte konkurrenzfähig zu machen, wäre eine bessere Verkehrsanbindung.

Doch allein fünfhundert Millionen Dollar gingen an hundertfünfundvierzig Großkonzerne, die mit ihren Mitarbeitern wieder ins südliche Manhattan zogen. Die Kalkulation dieser Gelder war einfach und ungerecht. Firmen mit mehr als zweihundert Mitarbeitern, die diese Arbeitsplätze in Lower Manhattan zu erhalten versprachen, bekamen über sechstausend Dollar für jeden Angestellten. Für American Express addierte sich das auf die Summe von fünfundzwanzig Millionen Dollar. Kleineren Betrieben standen höchstens dreieinhalbtausend Dollar für jeden Arbeitsplatz zu. Ähnlich wurde für die Anwohner gerechnet. In Battery Park City, in unmittelbarer Nähe von Ground Zero gelegen, wo die Mieten teuer und die Mieter entsprechend wohlhabend sind, konnten Beihilfen für annähernd fünfzehntausend Dollar pro Wohnung beantragt werden. Im etwas weiter entfernten Chinatown, wo die Menschen kaum ein Drittel des Gehalts ihrer Nachbarn in Battery Park City verdienen, beträgt der Höchstsatz knapp die Hälfte. Doch auch hier waren nach den Anschlägen wochenlang die Straßen gesperrt und Betriebe, vor allem Nähereien, mußten geschlossen bleiben. Bis heute ist die Wirtschaft dort kaum wieder in Gang gekommen. Geld bekamen indessen auch Firmen, die gar nicht vorhatten, aus Lower Manhattan fortzuziehen, wie die New Yorker Börse etwa mit ihren fünfhundertsechsunddreißig Angestellten. Ihr wurden drei Millionen Dollar gutgeschrieben.

Für Long Island City und andere Teile von Queens, in denen einige der großen Firmen aus dem gefallenen World Trade Center Notunterkunft gesucht und die gehofft hatten, diese Mieter möglicherweise von einem ständigen Standort in Queens zu überzeugen, sind die Beihilfen für den Firmenstandort Downtown eine schlechte Nachricht. Wenn die Mieten im Süden Manhattans, die durch die Lockgelder subventioniert werden, nicht teurer sind als jenseits der Brücken über den East River, gibt es nichts mehr, womit Queens prahlen könnte.

Die Entwicklung von Midtown zum bedeutendsten Geschäftsbezirk der Vereinigten Staaten begann, wie so vieles in New York, mit den Rockefellers. John D. Rockefeller Jr. entschloß sich in den ersten Monaten des Jahres 1929, auf dem Gelände zwischen der neunundvierzigsten und der zweiundfünfzigsten Straße und der siebten und achten Avenue ein neues Opernhaus, drei Wolkenkratzer und eine Plaza bauen zu lassen, um das Viertel zu beleben. Der Zusammenbruch der Börse im Herbst des Jahres machte diese Pläne zunichte.

Was in den Jahren 1932 bis 1940 statt dessen entstand, nannte ein Autor des *Federal Writer's Project* die »Kulmination des Aufschwungs der zwanziger Jahre«: das Rockefeller

Center, eine Gruppe von zwölf Gebäuden, Einkaufspromenaden, einer Plaza mit Kunstwerken, Bäumen und einem Café, mit Radio City Music Hall und einer privaten Verbindungsstraße zwischen der fünften und der sechsten Avenue, auf der Fußgänger das Gelände durchqueren konnten. Darunter ein weitläufiger Untergrundbereich mit Zugang zur U-Bahn und weiteren Geschäften, alles ausgestattet in edlen Materialien und feinstem Art Déco. Im fünfundsechzigsten Stockwerk des RCA Hochhauses, in dem die National Broadcasting Company NBC ihre Studios hat, entstand einer der glamourösesten Nachtclubs New Yorks. Seit einigen Jahren ist dieser *Rainbow Room* nur noch gelegentlich fürs allgemeine Publikum geöffnet. Früher mag die Aussicht aus den Panoramafenstern der Bar ein Blick von oben auf die Stadt gewesen sein. Heute sieht man immer noch weit und tief, aber auch hoch hinauf zu den Spitzen anderer Wolkenkratzer, die eine erhabene Landschaft formen, über die sich das Rockefeller Center nicht mehr erhebt, sondern mit der es verschmilzt, zumindest bei Nacht.

Auch der Bau des Rockefeller Center war zu seiner Entstehung nicht unumstritten, doch die Eleganz des Ensembles, in dem ein neues urbanes Denken auf dem Höhepunkt der Moderne seinen Ausdruck fand, vor allem aber der Gewinn, den der Komplex selbst in den Jahren tiefster Depression abwarf, ließ die Kritiker schnell verstummen. Die Anlage war eine Stadt in sich, mit dem RCA Building als Campanile und einer abgesenkten Plaza, auf der die Passanten im Sommer unter Schirmen Kaffee trinken und im Winter nicht nur Touristen Schlittschuh laufen. Einige der Gebäude gehörten zu den höchsten in New York, doch um sie herum wurde niedrig gebaut, nicht höher als sechs bis sieben Stockwerke, so daß die Stadt inmitten einer Weitläufigkeit, die im verstopften Manhattan ohne Vorbild war, plötzlich zu Atem kam. Über alldem wachen auf der einen Seite die Prometheus-Statue von Paul Manship, auf der anderen die Atlas-Bronze von Lee Lawrie. Die Fassaden der Gebäude, die diesen freien Platz ummanteln, sind aus Kalkstein, Aluminium und Glas und blieben sämtlich unverziert.

Einen Bauboom in Midtown und seinen Aufstieg zum Mittelpunkt des Geschäftslebens aber löste erst die zweite Bauphase aus, die den Komplex in den Jahren 1947 bis 1973 auf neunzehn Gebäude erweiterte. Vor allem der Bau des Time Life Building an der sechsten Avenue, der 1959 fertiggestellt wurde, zog eine ganze Kette von neuen Bürohochhäusern an dieser zuvor von zerkrümelnden Sandsteinhäusern gesäumten Straße nach sich, die heute eine der Hauptverkehrsadern in Midtown ist. Eero Saarinen baute hier sein einziges Hochhaus, ein ernsthaftes architektonisches Understatement: eine schwarze Box für den Fernsehsender CBS, das als eine der Ikonen der Skyline gilt.

Bis heute verkörpert das Rockefeller Center die Stadt, wie sie sich selbst am liebsten sieht: als urbane, fortschrittliche Metropole, in der ein Hochhaus-Ensemble wie dieses nicht nur eine Touristenattraktion wird, sondern auch als Geschäftszentrum finanziell erfolgreich bleibt, durch die härtesten Jahre hindurch. Dafür war Nelson A. Rockefeller verantwortlich, einer der

Söhne von John D. Jr., der 1938 im Alter von dreißig Jahren Präsident des Rockefeller Center wurde. Der Ehrgeiz seines sieben Jahre jüngeren Bruders David Rockefeller, später den südlichen Teil Manhattans mit dem Bau des World Trade Center zum Mittelpunkt der Finanzwelt auszubauen, war auch die Antwort des Kleineren auf den Erfolg des Großen. Auch David wollte New York prägen, und Nelson unterstüzte ihn dabei. Der Erfolg wie die Macht blieben in der Familie.

Die Erfindung der Mitte

Als Wolfgang Koeppen Ende der fünfziger Jahre zum ersten Mal nach Amerika reiste und in New York ankam, bemerkte er die Schäbigkeit, mit der sich der Times Square bei Tageslicht präsentierte. Er hatte, wie so viele Fremde vor und nach ihm, damit gerechnet, an dieser Straßenkreuzung etwas zu sehen, das der Erinnerung an die Filmbilder vom Waffenstillstandstag 1918, vom Konfettiregen beim Lindbergh-Triumph, vom Tanz am 8. Mai 1945 oder von der ekstatischen Menge in jeder beliebigen Neujahrsnacht ähnlich sei. Doch er sah nur eine amerikanische Reeperbahn, »bevor am Abend die Lichter des Vergnügens angehen und die Mädchen sich geschminkt haben.« Schon damals war die Wirklichkeit am Times Square enttäuschend. Und doch blieb diese Straßenkreuzung eines der mythischen Zentren der Stadt.

Heute strahlen die Lichter der haushohen Vinyl-Werbeflächen am Times Square auch tagsüber gegen die Sonne an. Eine Handvoll neuer Hochhäuser ist entstanden, die mit mehreren Außenhäuten, verschieden geformten Stockwerken und Ummantelungen mit bewegten digitalen Lichtspielen so komplex gestaltet sind, daß sich die Erkundung bei Tageslicht empfiehlt. Auch trifft man tagsüber nicht nur Touristen hier. Vor allem in der Mittagszeit mischen sich Geschäftsleute unter die Fremden, Angestellte der Medienkonzerne, die am Times Square Quartier bezogen haben, Mitarbeiter des Verlagshauses Condé Nast, in dem unter anderen die Magazine *Vanity Fair* und *The New Yorker* zu Hause sind, von Bertelsmann oder Reuters, von MTV oder Virgin Records. Die Gegend, die einst verrufener war als die ganze Stadt, ist auferstanden als Zentrum der Unterhaltungsindustrie, und zwar in jedem Sektor. Hier wird produziert, hier wird aufgeführt, und hier wird konsumiert.

Doch wahrhaft überwältigend ist der Times Square immer noch erst nachts, wenn die Häuser zu Schemen werden und die Zeichen leuchten. Neben dem alten mechanischen Schild für *Eight o'clock coffee*, auf dem über einem Kaffeebecher elegante Kondenswölkchen unermüdlich ihre Kreise ziehen, flimmern computerkolorierte Vinylwände, auf denen nicht nur Werbung, sondern auch Nachrichten aus aller Welt verbreitet werden. Der Börsenindex Nasdaq informiert auf einer gewölbten Lichtwand über Ereignisse aus der Finanzwelt und die aktuellen Aktienpreise. Hoch oben am Gebäude Times Square 1, dort, wo seit hundert Jahren in der letzten Minute der Silvesternacht ein glitzernder Ball zu Boden sinkt, dampft ein Becher Suppe. Gegenüber füllt sich eine altmodisch stilisierte, vier Etagen hohe Coca-Cola-Flasche, bis der Kronkorken abspringt, und leert sich wieder. Elektronische Laufbänder umwickeln ganze Gebäude und tauchen die Straßen in Rot oder Blau, und irgendwo ist auch eine Videokamera postiert, die das Bild von Passanten in einen Monitor hoch über der Kreuzung schickt.

Die Sanierung des Times Square und seine Wiedererweckung als Beispiel einer neuen Urbanität wurden weit über New York und den Atlantik hinaus beobachtet und diskutiert.

Disneyfizierung war eines der Stichwörter, weil der Walt-Disney-Konzern ausgerechnet hier, im einstigen Rotlichtbezirk, zum ersten Mal in seiner Geschichte mitten in einer Metropole statt vor den Toren der Stadt mächtig investierte. Disney baute nicht nur einen Laden, sondern renovierte auch eines der prächtigsten Theater auf der zweiundvierzigsten Straße für die Aufführung von Musicals aus der Konzernproduktion. Die Gegend werde, herausgelöst aus dem Gewebe der Stadt, in einen Themenpark umgestaltet, so fürchten viele. Die zweiundvierzigste Straße sieht inzwischen tatsächlich so aus wie ein künstlich erschaffenes Gelände, über dessen Eingang *Broadway* steht.

Doch das Gebiet um den neuen Times Square wurde auch etwas anderes – ein vitales Zentrum medialer Kreativität, das nicht nur den Giganten der Branche eine glitzernde Fassade leiht, sondern auch deren Zulieferern, kleinen Fernsehstudios und Büros für Agenten, Designern und Computerspezialisten. Mit dieser Bündelung der Populärkultur bleibt sich das Viertel um den Times Square treu: Der Broadway war seit dem Wechsel vom neunzehnten ins zwanzigste Jahrhundert das Herz des amerikanischen Theaters und der Musikindustrie. Hollywood, der syndizierte Journalismus, Radio und Fernsehen benutzten das Viertel seit ihren Anfängen als Operationsbasis für ihre Geschäfte. Die multinationalen Medienkonzerne am Times Square sind die Staffelträger nicht nur der globalen Unterhaltungsindustrie, sondern auch einer städtischen Tradition.

Zu Beginn des Jahres 1996 konnte man einige Monate lang den Übergang vom alten zum neuen Times Square beobachten. Die Sünde, von der jahrzehntelang hier alle wisperten, war fast völlig exorziert. Ein paar Pornoläden auf der zweiundvierzigsten Straße verramschten noch ihre Ware, bevor sie endgültig wegzogen. Nimm mit, was du kriegen kannst, und verschwinde – das Gesetz, das in dieser Gegend immer galt, hatte in jenen Monaten eine neue Bedeutung bekommen. In den Foyers der Kinos, deren Türen aufgebrochen waren, lungerte niemand mehr. Von den Leuchtreklamen waren nur ein paar nackte Glühbirnen geblieben. Sie sollten ewig brennen, hatte der Hersteller garantiert, doch man ließ sie nicht, der Strom war abgestellt. In den wenigen Videogeschäften, die noch geöffnet hatten, verdeckten Werbebanner für Sonderangebote die Plakate, auf denen Frauen mit barocken Formen einst unverschämt ihre Brüste den Passanten entgegenstreckten. Nebenan und gegenüber vernagelten Bretter die Eingänge und Fenster. Die zweiundvierzigste Straße zwischen der siebten und achten Avenue, jahrzehntelang der gefährlichste Block der Stadt, war tot; viele Gebäude lagen ausgewaidet da, andere bis auf die Stahlgerüste skelettiert. Die Stille hier kam unerwartet wie ein Überfall.

Gehen mußten nicht nur die Sexclubs, GoGo-Bars, Videoverleiher und Pornokinos, nicht nur die kleinen Frühstücks-Diner, Zeitschriftenläden und billigen Hotels. Auch eine der wenigen mittelgroßen Konzerthallen, die in Manhattan durchgehalten hatten, die *Academy* mit etwa eintausendfünfhundert Plätzen, in der die Rockkonzerte fast immer ausverkauft waren, mußte schließen. Der Unterhaltungskonzern Livent aus Toronto, der am Broadway *Kiss of a Spiderwoman* und *Showboat* produziert hatte, wollte die Konzerthalle mit einem nebenan gelegenen, seit langem geschlossenen Theater verbinden und in ein gigantisches Musicalhaus verwandeln. Bevor es dazu kam, mußte Livent wegen betrügerischer Geschäftspraktiken bankrott anmelden.

Nach und nach wurden in den folgenden Jahren die heruntergekommenen und zweckfremd genutzten Theater auf der zweiundvierzigsten Straße renoviert und umgebaut. Es wurden prächtige historische Fassaden freigelegt, die im Lauf der Zeit unsichtbar geworden waren, unter Schmutz begraben und verdeckt von haushohen Schildern oder schäbigen Ladenfronten aus Sperrholz und ein paar Neonröhren. Das älteste Theater der Straße, das *Victory*, wo einst Lionel Barrymore auftrat, wurde als erstes vollständig restauriert und als Kindertheater wiedereröffnet – spätestens da wurde deutlich, was nach der Stille in dieser Gegend zu erwarten war.

Es scheint, als könne sich der Albtraum der unabhängigen New Yorker Theaterproduzenten von der Übernahme des Broadway durch die großen Unterhaltungskonzerne bald erfüllen. Die beiden mächtigsten sind heute der Disney-Konzern, wie zu erwarten war, und Clear Channel Entertainment. Letzterer ist Teil einer global operierenden Musik- und Fernsehfirma, die ein ganzes Netz von Theatern zwischen Los Angeles und London betreibt. Beide Konzerne produzieren oder koproduzieren nicht nur ihre eigenen Shows, sondern besitzen auch jeweils ein Theater am Broadway, um sie aufzuführen. Das ist, neben ihrer immensen Kapitalmasse, ihr größter Vorteil vor den unabhängigen Produzenten. Vierzig Broadway-Theater gibt es noch, und von ihnen fassen nur etwa fünfzehn mehr als vierzehnhundert Zuschauer. Unterhalb dieser Kapazität lohnt sich die Aufführung eines Musicals nicht, und so sind der Besetzung des Theaterdistrikts durch die Großkonzerne natürliche Schranken gesetzt. Jedenfalls so lange, bis einer der drei mächtigen traditionellen Theaterbesitzer der Stadt sich entscheiden sollte, zu verkaufen.

Die glanzvollste Ära des Viertels begann etwa um das Jahr 1900. Die Theater zogen aus ihren ehemaligen Bezirken entlang von Bowery und unterem Broadway fast ausnahmslos an den mittleren Broadway um, in jene Blocks zwischen vierzigster und vierundfünfzigster Straße und sechster und achter Avenue, denen das Hochhaus der *New York Times* an der Kreuzung von Broadway und siebter Avenue seinen Namen gab.

Schon in den zehner und zwanziger Jahren des letzten Jahrhunderts konnte man in den *Silk Hat*-Bordellen am Times Square Körper für alle Dienste kaufen, doch Betreiber wie Kundschaft agierten überaus diskret. Zur Zeit des Ersten Weltkriegs konzentrierten sich alle wichtigen Vaudeville-Bühnen, das Musikgeschäft, die Tanzhallen und Kabaretts auf und in der Nähe der zweiundvierzigsten Straße. Immer mehr Theater, immer mehr Besucher kamen in den zwanziger Jahren in diese Gegend. Die Saison 1927/28 setzte den Rekord. Zweihundertvierundsechzig Broadway-Shows spielten in sechsundsiebzig Theatern.

THE TIMES BUILDING
N.Y.
Design only copyrighted by Chas. Rose 1903.
Talk about your hard times! Send me a cushion Yours.
WILSON

Die Gegend veränderte sich dramatisch nach dem Börsenkrach von 1929. Kaum ein neues Theater wurde gebaut, und in der Depressionszeit verwandelten sich die einst glamourösen Spielstätten in Burlesken-Theater oder Kinos für billige erotische Filme. Peep-Shows wurden eröffnet, Spielsalons, Kuriositätenkabinette, Stundenhotels. Das Geschäft mit dem Sex wucherte, genährt von der Arbeitslosigkeit und der verzweifelten Armut, die Männer wie Frauen auf die Straßen trieb. 1933, als Busby Berkeley das Musical *42nd Street* drehte, war der Glanz des Viertels längst dahin und der Film sein Epitaph. Nach dem Zweiten Weltkrieg, während dessen letzter Jahre die Theaterproduktion am Broadway eingestellt wurde, verkam die Gegend endgültig zu jener städtischen Wildnis, in der John Schlesinger 1968 seinen Film *Midnight Cowboy* drehte. Seit damals denkt, wer vom Times Square spricht, nur noch an Sex.

Fast zwei Generationen also brauchte der Times Square, um in den Stand völligen Verrufs zu gelangen. Vor allem außerhalb von New York galt er als Symbol des städtischen Verfalls und jener Gleichgültigkeit dem öffentlichen Leben und seinen Plätzen gegenüber, die New York lange Zeit von anderen Großstädten unterschied. Die wenigen Abfalltonnen quollen über und wurden regelmäßig von den Bettlern durchwühlt, die zwischen Times Square und dem Bahnhof Grand Central pendelten. Tagelang standen die Müllkörbe als mickrige Denkmäler in einem Kreis aus Pizzarändern, Kaffeebechern und zerknülltem Papier, der sich mit geometrischer Genauigkeit um ihren Fuß gebildet hatte. Irgendwann wurde der Dreck immer geräumt, doch kurz darauf umkurvten die Passanten schon wieder die Abfallkreise, ihre Taschen fest an den Körper gepreßt. Denn es war nicht nur dreckig hier; auch jede Form des Verbrechens, die der Mensch erdenken kann, wurde hier verübt, geplant oder zu vertuschen gesucht.

Das einzige, was während der vielen Jahrzehnte des Niedergangs an die Glanzzeiten des Times Square und des Broadway erinnerte, waren die Leuchtreklamen, die als letzte verkamen. Ihnen galt, als die Stadt sich in den achtziger Jahren entschloß zu versuchen, das Gebiet wieder in den Griff zu bekommen, einer der ersten Schritte. Er kostete die Stadt, die sowieso kein Geld hatte, nichts: Sie verabschiedete eine Regelung, die eine Minimalgröße für die elektrisch beleuchteten Werbewände vorschrieb. Auch die Investment-Bank Morgan Stanley, die ihre Zentrale am Broadway baute, mußte sich diesem Gesetz beugen. Glitzernde Bänder von *Light-emitting diodes* (LED) umschlingen drei Etagen und laufen um die Fassade, hinter der inzwischen eine andere Bank, die einst im World Trade Center residierte, eingezogen ist. Einige Ecken nördlich der blinkenden Nasdaq-Wand geben auch sie den Passanten aktuelle Börseninformationen und überfluten gleichzeitig die Bürgersteige mit rotem und blauem Licht. Dem Börsenlaien, der aus der nahegelegenen U-Bahn-Station auf die Straße emporsteigt, scheint es, als trete er hinein in eine dramatisierte Installation von Jenny Holzer.

In den meisten Städten der Vereinigten Staaten sind nicht Plätze (obwohl sie, wie der Times Square, meist so heißen), sondern Straßenkreuzungen die symbolischen bürgerlichen Orte. Ein konkurrenzloser Mittelpunkt, wie es in Europa die Kathedralen waren, wurde in den säkularen, schon immer in jeder Hinsicht außer dem Straßenplan uneinheitlichen Städten der Neuen Welt nicht gebraucht. Die einzige große urbane Geste, die alle Glaubensbekenntnisse weltlicher und religiöser Art umfassen konnte, war die Straßenkreuzung – leicht zu erreichen und ebenso leicht zu fliehen, ein Ort, an dem sich Verkehr, Menschen und auch Geldströme trafen und wieder auseinanderdrifteten. Ein idealer Ort für Spekulanten und Grundstücksmakler, aber auch ein Zeichen großstädtischer Toleranz jenseits aller Obrigkeit. Der Times Square war, in welchem Zustand auch immer er sich gerade befand, niemals symbolisches Eigentum einer einzigen Gemeinschaft, keiner Klasse, keiner Rasse, keiner Religion. Hier kreuzten sich die Wege aller, die in New York lebten, zu überleben suchten oder einfach nur staunten. Eine Zeitlang sah es so aus, als sei es damit am neuen Times Square vorbei und als sei dies ein Ort einzig für die Mittelklasse geworden. Doch inzwischen sind unter all den Familien auf ihrem Ausflug in die Stadt schon wieder Prostituierte aufgetaucht, hier und da begegnet man einem Bettler, und spätestens in den U-Bahn-Schächten und auf den Bahnsteigen mischt sich wieder ganz New York. Auf Straßenniveau allerdings ist auch der U-Bahnhof, eine weitere überraschende Erfindung in der Gegend, Teil der Unterhaltungswelt geworden. Bisher lagen die Eingänge zu den elf

Untergrundbahnen, die sich am Times Square treffen und kreuzen, in den Seitenstraßen und waren, wie fast überall in New York, nicht mehr als eine Treppe im Bürgersteig. Jetzt blinken die Buchstaben *Subway* über den gläsernen Eingängen der neuen Station. Doch Touristen fragen immer noch, wo es zur U-Bahn geht. Den Bahnhof halten sie für ein Theater.

Mehr als fünfzehn Jahre lang hatte die New Yorker Stadtregierung vergeblich versucht, Investoren für den Times Square zu interessieren. In den achtziger Jahren zirkulierten verschiedene Pläne für das Gebiet. Zum Teil waren sie das Ergebnis privater Initiativen, die von dem damaligen Bürgermeister Ed Koch zurückgewiesen wurden, zum Teil Entwürfe der städtischen Behörden, die versuchten, Midtown zu entlasten, wo kein Platz mehr war für immer mehr Büros. Die Bautätigkeit sollte sich nach Westen ausdehnen, dorthin, wo viele Investoren bereits New Jersey vermuteten. Die Säuberung der zweiundvierzigsten Straße war Teil dieses Plans, den die Stadt durchsetzen wollte, aber nicht finanzieren konnte.

Damals schien es so, als seien nur große Baufirmen in der Lage, eine derartig drastische Verwandlung des verwahrlosten Gebiets anzuschieben, und als seien neue Bürohochhäuser entlang der zweiundvierzigsten Straße die einzige Möglichkeit, die Gegend aufzuwerten. Eine *Public-Private Partnership* sollte dafür sorgen, daß alle divergierenden Interessen zu ihrem Recht kamen: Die Stadt konnte die Bebauungspläne für das Viertel entsprechend der Investorenwünsche modifizieren, konnte Grundstücke enteignen, massige Bürohäuser genehmigen und Steuergeschenke machen; die Investoren wiederum verpflichteten sich, die Theater zu renovieren.

Doch eine Reihe von Gerichtsprozessen zögerte den Baubeginn so lange hinaus, bis der Immobilienmarkt 1989 unter einem Überangebot an Büroraum zusammenbrach. Die Bauherren zogen sich für eine Weile zurück, und auf den Plan trat eine neue Gruppe, die *42nd Street Development Project Inc.* Diese Vereinigung von Stadtplanern und Geschäftsleuten hielt unermüdlich die Idee im Gespräch, aus der zweiundvierzigsten Straße könne statt eines Büroviertels ein neuer Unterhaltungsdistrikt werden. Die Präsidentin der Planungsgruppe, Rebecca Robertson, beauftragte die New Yorker Architekten Robert Stern und Tibor Kalman, die Entwicklungsmöglichkeiten der Gegend für die Unterhaltungsindustrie zu prüfen, eine Untersuchung, die in die Veröffentlichung eines Manifests mit dem Titel *42nd Street Now!* mündete. Sterns Beteiligung war ein überaus kluger Schachzug, denn Stern ist nicht nur Architekt und Autor einiger Standardwerke über New York, sondern auch Vorstandsmitglied des Walt-Disney-Konzerns.

Mit ihm besuchte Michael Eisner, der Präsident des Disney-Konzerns, 1993 den Times Square und eines der verfallenen Theater dort. Es soll einer jener schaurigen New Yorker Märztage gewesen sein, an denen aus grauem Nebel feiner Regen sprüht und die nasse Kälte alle Nähte durchdringt. Das Dach des Theaters war lange schon undicht und der Verputz hatte sich, aufgeweicht von jahrelangen Wasserschäden, von den Wänden gelöst und lag als Schmierschicht auf den Treppen. Eisner war dennoch beeindruckt.

Der Disney-Konzern übernahm schließlich im Juli 1995 das einst als Bühne für Ziegfelds *Follies* berühmte, aber längst stillgelegte Theater *New Amsterdam* auf der zweiundvierzigsten Straße und verpflichtete sich, es zu renovieren. Darin lag kein gar zu großes Risiko, stellte doch die Stadt etwa fünfundsiebzig Prozent der benötigten vierunddreißig Millionen Dollar als billigen Kredit zur Verfügung. Nach der Erfahrung mit seiner Produktion *Beauty and the Beast*, die damals bereits seit Jahren am Broadway lief, hatte der Konzern sein eigenes Musicalhaus gefunden, das der Größe seiner geplanten Produktionen angemessen war. Davon gab es am Broadway nicht mehr viele. Zwei Jahre später eröffnete das prachtvoll renovierte *New Amsterdam* mit *The Lion King* und ist seitdem Abend für Abend ausverkauft.

Nach Disney kamen die anderen. Madame Tussaud zog mit ihrem Wachsmuseum in unmittelbarer Nähe ein, einige Häuser weiter entstand ein Multiplex mit fünfundzwanzig Kinos, und drumherum gruppierten sich Schnellrestaurants der globalen Ketten und ein Spielzeugkaufhaus in theatralischer Architektur. Als eines Tages vor großem Presseaufgebot auf der berühmtesten Kreuzung der Welt ein hochmoderner Straßenstaubsauger eingeweiht wurde, der den Asphalt nicht nur säubert, sondern auch desinfiziert und dazu noch mit der Stimme des Komikers Tony Randell eine Geschichte erzählt, waren die schmutzigen Phantasien, die dreckigen Händel und unsauberen Geschäfte, die den Times Square jahrzehntelang bestimmt hatten, endgültig besiegt.

Die Geschichte der Entwicklung des Times Square ist vor allem eine Geschichte über die Grenzen öffentlicher Stadtplanung und die Macht des Marktgeschehens. Sie könnte sich in der Planung des Wiederaufbaus am Ground Zero spiegeln. Auch dort gilt es, die Interessen der Öffentlichkeit mit denen der Investoren kurzzuschließen. Auch dort wird, in Form eines Mahnmals, eine Attraktion für Touristen entstehen. Und auch dort wird bisher vor allem Büroraum geplant, obwohl es kaum etwas gibt, das New York weniger braucht als diesen.

Der Müll

Achteinhalb Monate lang wurde auf dem Gebiet, auf dem bis zum 11. September 2001 die Zwillingstürme des World Trade Center standen, ohne Pause gearbeitet. Monatelang schwelten hier Feuer, monatelang ragten verbogene Reste der Gitterstrukturen, die die Türme einst stützten, aus den Schuttbergen. Mit jedem Brand, der gelöscht, mit jedem Meter, den sich das etwa acht Stockwerke hohe Gebirge aus Staub und Stahl senkte, wurde der Anblick weniger spektakulär. Schließlich war aller Schutt abgetragen und die Arbeiter erreichten den Grund. Die Tiefgaragen jenseits des nördlichen Turms waren noch nicht vollständig eingerissen, und im Längsschnitt zwischen Grubengrund und Straße hingen sechs Parkebenen halbwegs in der Luft. 1,8 Millionen Tonnen Schutt waren in diesen Monaten auf die Müllkippe Fresh Kills in Staten Island gekarrt worden, jedes Pfund davon durchkämmt nach Überresten von Körpern, Kleidungsstücken, Schmuck. Am 31. Mai 2002 waren die Bergungsarbeiten abgeschlossen.

Die Zeremonie, die dieses Ende markierte, war schlicht. Es gab keine Reden, keine Hymne, keine Gebete. Tausende New Yorker kamen zu der Katastrophenstelle, um einer leeren Bahre das letzte Geleit zu geben, die für die achtzehnhundert Toten stand, von denen nichts mehr gefunden wurde, das ihre Angehörigen hätten begraben können. Mitglieder der verschiedenen Bergungsmannschaften trugen diese Bahre den langen Weg aus der Grube hinauf und hoben sie vorsichtig in einen

Krankenwagen, der im Schrittempo vom Gelände fuhr. Männer und Frauen von Feuerwehr und Polizei, Arbeiter und andere Helfer säumten die Rampe. Es war in diesen Minuten vollkommen still. Und es blieb still, als der letzte demontierte Stahlträger, eingeschlagen in schwarzes Tuch und mit dem Sternenbanner und einem Blumenbouquet in Rot und Weiß bedeckt, auf einem Tieflader langsam durch die Ehrengarde fuhr und Ground Zero verließ. Eine Prozession von Feuerwehrleuten, Bergungsarbeitern, Polizisten, Angehörigen der Opfer, Politikern und anderen New Yorkern begleitete diesen seltsamen Trauerzug noch lange. Ground Zero ist leergeräumt. New York duldet keine Ruinen.

Am Flughafen John F. Kennedy liegen sorgfältig aufgereiht wie die Särge von Gefallenen neben verbogenen Fassadenteilen weitere Stahlträger wie dieser letzte. In unmittelbarer Nähe von ihnen wurden ein Stück der Fernsehantenne, die den nördlichen Turm von seinem Zwilling unterschied, aufgebahrt, der Laternenmast, an dem Feuerwehrleute wenige Stunden nach den Anschlägen ein Sternenbanner aufgezogen hatten, zerquetschte Fahrzeuge der Polizei und ein meteorartiger Klumpen aus zusammengepreßtem Mobiliar, Zement, geschmolzenem Metall und unidentifizierbaren anderen Elementen. Diese Fundstücke bleiben unberührt, bis Museumsdirektoren und Kuratoren aus ihnen Exemplare für ihre Sammlungen historischer Zeugnisse des beginnenden Jahrtausends ausgewählt haben. Einige Gemeinden auf dem Land haben bereits Mahnmale aus Stahlresten gebaut. In Stirling in New Jersey wurde aus ihnen ein Glockenturm.

Der Rest der hundertachtzigtausend Tonnen Stahl, die mit den Zwillingstürmen zu Boden sanken, ist Alteisen. Es wird auf einem der Schrottplätze New Yorks oder New Jerseys zum Weiterverkauf hergerichtet. Bei achtzig bis hundert Dollar pro Tonne ist das ein einigermaßen rentables Geschäft, an dem auch die Mafia verdient. Der seit einigen Jahren inhaftierte Inhaber der New York Shredding Company, Carmine Agnello aus La Cosa Nostras Gambino-Familie, ist einer der reichsten Schrotthändler New Yorks. Er ist außerdem der Schwiegersohn des im Juni 2002 im Gefängnis verstorbenen großen Don der Gambino, John Gotti. Agnello hat, was die Stadt unmittelbar nach den terroristischen Anschlägen dringend brauchte: eine mehrere Millionen Dollar teure Stahlschneidemaschine. Diese stellte er, auch im Gefängnis ein ungebrochener Patriot, für die Bergungsarbeiten zur Verfügung.

Was nicht aus Stahl war, kam auf die Müllkippe in Fresh Kills, die, einem Wahlversprechen Giulianis gemäß, Anfang des Jahres 2001 geschlossen worden war. Für den Schutt vom World Trade Center wurde die Müllkippe wieder geöffnet. Aber nur für ihn. Alfred Tobin verwendete den Aushub, der anfiel, als das World Trade Center gebaut wurde, als Landaufschüttung nördlich der Battery. Es entstand ein Gebiet, dessen Grund und Boden heute neunhundert Millionen Dollar wert ist und auf dem Battery Park City steht. Die Landaufschüttung in Fresh Kills, auf der der Schutt des World Trade Center ruht, wird wieder ein Park werden, ähnlich vielleicht jenem, dessen Abgesang einst Joseph Mitchell schrieb.

Jahrhundertelang hatten die New Yorker ihren Abfall auf die Straßen gekippt und in den Fluß, hatten auf diese Weise sumpfiges Gelände in Bauland verwandelt und die schmale Insel Quadratmeter für Quadratmeter vergrößert. Ein erstes Abwassersystem führte seit Beginn des achtzehnten Jahrhunderts in die umliegenden Gewässer, in denen innerhalb weniger Jahrzehnte auf diese Weise die Austernbänke vergiftet wurden. 1849 brach eine große Cholera-Epidemie aus. Sie brachte der Stadt zu Bewußtsein, daß das Leben zwischen Tierkadavern und verwesenden Essensresten keine Zukunft hatte. Der Stadtinspektor Alfred White wurde damit beauftragt, ein Müllentsorgungssystem zu schaffen, das einem Privatunternehmen das Monopol über allen Abfall der Stadt geben sollte. White sicherte sich selbst über einen Strohmann dieses vielversprechende Geschäft. Er machte Barren Island, eine in der Jamaica Bay gelegene kleine Insel, die zu Brooklyn gehört, zur ersten zentralen Müllkippe New Yorks und zum Standort seiner Fabrik, in der Abfall in Schmieröl und Düngemittel verwandelt wurde. Bis in die dreißiger Jahre des zwanzigsten Jahrhunderts hinein lud ganz New York hier seinen Dreck ab.

Es kostete die Stadtverwaltung keine große Mühe und nicht viel Geld, auch noch den Rest des Marschlands, der Barren Island von Brooklyn trennte, aufzuschütten, nachdem die Stadt ihre Praxis wieder aufgenommen hatte, Müll direkt im Meer zu begraben. Auf Barren Island lebten 1939 noch etwa vierhundert Menschen. Sie wurden umgesiedelt, um Platz zu machen für den Belt Parkway, und drumherum entstand Floyd Bennett Field, der erste Flughafen New Yorks.

Für den Passagierverkehr verlor Floyd Bennett Field wenige Jahre später seine Bedeutung, nachdem der Flughafen La Guardia eröffnet worden war. Die Navy übernahm das Gelände. Hunderte von Kriegsschiffen aus den Fabriken in Long Island traten hier im Zweiten Weltkrieg ihren Weg in die Flotte an. Heute ist dies alles ein Park geworden, mit einer Station der Küstenwache, einem Golfplatz und einem wunderschönen Strand.

New York steht auf Stein und auf Müll. Für Robert Moses war der Abfall New Yorks ein Segen. Denn der Stadtkörper war für die zahlreichen Verkehrsadern, von denen er träumte, nicht geeignet. Moses brauchte Land, durch das diese Arterien fließen konnten, Land für Parks, in die sie eingebettet wären, und dieses Land verschaffte er sich mit achtundachtzig Müllkippen, die er im Großraum der Stadt auf Marschen plazierte. Riker's Island, im East River gelegen und Teil der Bronx, war eine von ihnen. Innerhalb kurzer Zeit erhob sich die kleine Insel fast fünfzig Meter über den Meeresspiegel. Doch niemand beklagte sich, auch nicht über die faulen Winde, die seit damals über die Insel wehen. Denn seit dem späten neunzehnten Jahrhundert lebt niemand mehr auf Riker's Island außer den Insassen des größten Gefängnisses der Nation.

Daß nahezu der gesamte Müll der Stadt seit 1948 in Staten Island landete, verdankt sich einem Handel zwischen Robert Moses und dem damaligen Bürgermeister dieses vernachlässigten Stadtteils. Eine Autobahn, was sonst, wurde der Insel versprochen, wenn sie im Gegenzug erlaubte, daß der Müll der Stadt in Fresh Kills ausgekippt werden dürfte.

Fresh Kills ist die letzte Müllkippe New Yorks und die größte der Welt. Sie wurde eröffnet, als das Zeitalter des Plastik begann, mit seinen riesigen Abfallbergen aus Tupperware, Styroporverpackungen, Einwegflaschen. Abgelegen am Westufer von Staten Island und dem Rest der Stadt abgewandt, ländlich, ohne politische Macht und mit Manhattan nur durch eine Fähre verbunden, schien Fresh Kills geeignet wie kein anderer Ort, all den Müll aufzunehmen, in dem die wohlhabenden Nachbarn jenseits der Buchten und Kanäle zu ertrinken drohten. Drei Jahre nach Beginn der Müllentsorgung in Fresh Kill beschrieb John Mitchell in seiner Reportage *The Bottom of the Harbor*, wie es einst dort aussah. Fasane hüpften durch die sumpfigen Wiesen, Falken nisteten im Sumpf, Beutelratten jagten Mäuse und Schlangen, und kaum einer der Bewohner sorgte sich darum, ob die Schalentiere, die so zahlreich waren wie nirgendwo sonst an der Küste, von den nebenan auf dem Müllplatz ins Grundwasser sickernden Gift verdorben wären. Der Müll sei der Fluch des Marschlands, schrieb Mitchell, der einst die gesamte Gegend ins Verderben ziehen werde. Bald wußte die ganze Nation, auch wenn sie keine Ahnung hatte, wo Staten Island liegt, daß es hier stank.

Doch Staten Island bekam seine Chance, vom Dreck befreit zu werden. Als Rudolph Giuliani 1993 zum ersten Mal als Bürgermeister New Yorks gewählt wurde, schlug er seinen Gegner einzig, weil er die Wähler Statens Islands auf seiner Seite hatte. Er dankte es ihnen mit dem Versprechen, am Jahresende 2000 Fresh Kills endgültig zu schließen, und er hielt sein Versprechen. Es ist nicht zu erwarten, daß sein Nachfolger Bloomberg es brechen wird. Auch er wäre ohne die Stimmen aus Staten Island heute nicht der Bürgermeister von New York.

Für etwa zwölftausend Tonnen Hausmüll täglich mußte die Stadt also eine neue Lösung finden. Nach Fresh Kills kam der Abfall auf offenen Barkassen, in welche die Müllwagen ihre Ladung einfach hineinkippten, ohne weiter fahren zu müssen als bis zur nächsten Anlegestelle an einem der zahlreichen Piers. Jetzt müßen die Müllwagen fast fünfzig Kilometer fahren, um die Übergabestationen zu erreichen, an denen ihre Fracht auf Überlandlaster umgeladen wird, die sie in andere Bundesstaaten, nach Virginia etwa oder Pennsylvania, weitertransportieren. Die Kritik an den zusätzlichen zweihundertfünfzigtausend Lastern jährlich, die seitdem über die Brücken und durch die Tunnel New York verlassen, und Beschwerden über die entsprechend ansteigende Luftverschmutzung wurden laut, unmittelbar nachdem der erste Müllkonvoi New York verlassen hatte. Die Stadtregierung versprach, der Müllexport sei nur ein Übergang. Aber niemand weiß, wohin dieser Übergang führt. Auch Fresh Kills sollte nur fünf Jahre lang den Abfall der Stadt aufnehmen. Am Ende waren es zweiundfünfzig.

Das Städtchen Tullytown in Pennsylvania ist durch den Müll New Yorks reich geworden. Es vermietete der großen Stadt am Meer ein Stück seines Landes für ihren Abfall. Mit den Abnahmegebühren wurde eine Kinderbuchbibliothek gebaut, eine

Polizeistation mit zwei Gefängniszellen, die häufig leerstehen, und ein Gemeindezentrum. New York aber kann sich den Müllexport, der im Jahr dreihundert Millionen Dollar verschlingt, bald nicht mehr leisten. Die Geschichte der Barkasse Mobro 4000, die im Frühjahr 1987, beladen mit über dreitausend Tonnen New Yorker Müll, über den Atlantik irrte, nirgendwo ihre Fracht loswerden konnte und nach vielen Wochen, in denen die Welt von New Yorks Müllproblemen erfuhr, wieder an ihrem Ausgangspunkt landete, ist unvergessen. Die Ladung der Mobro 4000 wurde schließlich in Staten Island begraben. »Die Müllkippe zeigte ihm geradewegs«, schreibt Don DeLillo in seinem Roman *Underworld* über Fresh Kills, »wo der Strom des Abfalls endete, wo aller Appetit und alles Verlangen hingespült wurden, die Dinge, die man so dringend wollte, und dann wieder nicht.«

Ground Zero gehört nicht New York

Am Tag, als die Bergungsarbeiten am Ground Zero feierlich abgeschlossen wurden, konnte man in den Organismus der Stadt schauen, der am 11. September 2001 auseinandergerissen worden war. Das Grubenbecken, vier Straßenblöcke lang, vier weit und sechs Etagen tief, war menschenleer. Nur ein Dutzend Bagger und Lastwagen standen darin, die von oben, von der Straße aus, kaum markanter erschienen als ein paar Legosteine. Die Wände der Grube zeigten den Schnitt durch den Bauch der Stadt. Knäuel mannsdicker Kabel quollen aus dem Beton, manche mehr als hundert Jahre alt. Fachleute können höchstens ahnen, wie sie einst verliefen und wohin sie heute noch führen. Von den U-Bahn-Tunneln, die in der gesamten Breite des Geländes verschüttet wurden, sind ein paar Schienenstränge geblieben. Sie deuten an, wohin die Züge fuhren – die Pendlerbahn aus New Jersey, wie sich an diesem Tag so gut wie nie zuvor sehen ließ, unter dem World Trade Center einmal im Kreis. Wo einst Rohre im Durchmesser mehrerer Meter die Wasserversorgung garantierten und für den Abfluß jeglicher Flüssigkeiten sorgten, sind nur noch gezirkelte Löcher in den Grubenwänden auszumachen. Einige abgebrochene Stahlgestänge, die aus den Seiten ragen, zeigen an, warum die umliegenden Straßen nicht einstürzen, und neu eingeschlagene Metallblöcke, warum die Wände gegen das vom Hudson landeinwärts drängende Wasser standhalten. Das zentrale Nervensystem der Stadt lag offen da – hier kreuzen sich die

Verkehrsströme mit dem Datenfluß, liegen Breitbandkabel neben alten Stromleitungen, Fiberglas über rostigen Schienen, Gasleitungen über den Abflußrohren.

Die Reparaturen an diesen Versorgungs- und Verbindungssträngen haben Vorrang vor jeder Planung, was an die Stelle der zerstörten Gebäude einmal gebaut werden soll. Gleichzeitig ist damit, in welchem Umfang hier repariert, ersetzt und neu verlegt wird, bereits eine Vorentscheidung darüber getroffen, wie sich das neu zu gestaltende Viertel mit dem Rest der Stadt verbinden wird.

Visionäre, die meistens nicht bauen, sondern beobachten, wie die Architekturkritiker, fordern ein wenig nebulös, Lower Manhattan solle das urbane Verbindungsstück zwischen dem weltweiten Fluß des Kapitals und dem regionalen Strom der Angestellten der Finanzindustrie werden – eine Art riesige Grand Central Station zwischen den Infrastrukturen von Verkehr und Information, ein Symbol des offenen Zugangs, zum Süden Manhattans ebenso wie zu den Daten, die hier zusammenfließen. Einerseits heißt dies, einen neuen zentralen Bahnhof zu bauen, der ein Drehkreuz für die U-Bahn-Linien, den Zugverkehr von New Jersey und, in der ferneren Zukunft, auch von Long Island werden soll. Diesem Vorschlag stimmen inzwischen alle zu, die etwas zu sagen haben. Andererseits erfordert ein solch ehrgeiziger Plan, daß die Gebäude, die drumherum und obendrauf entstehen, symbolisch und architektonisch die Verbindung herstellen zwischen den verschiedenen Ebenen der Kommunikation, einerseits also der Menschen an den

unterirdischen Haltestellen, in den Untergrundpassagen, auf der Straße und in den Aufzügen und Büros, und andererseits der Informationsströme durch die Kabel, die die Häuser wie den Grund durchziehen. Wie eine Architektur aussehen soll, die das leistet, weiß noch niemand.

Die Straßen, die um Ground Zero herum aufgerissen werden, um beschädigte Telefon- und Stromleitungen zu reparieren, geben preis, womit jeder Investor in die Infrastruktur hier zu rechnen hat. Das Gelände des World Trade Center ist von den anderen Teilen Lower Manhattans durch einen Graben getrennt, der unter den angrenzenden Straßen verläuft. In ihm drängen sich die Kabel von einundsiebzig Telefongesellschaften und verschiedenen Anbietern von Kabelfernsehen, acht unterschiedliche Stromversorgungskabel jeweils vom Durchmesser eines Feuerwehrschlauchs, Wasserrohre aus der Zeit der Wende zum zwanzigsten Jahrhundert und Abwasserleitungen, die älter sind als das vereinigte New York. Arbeiter entdeckten Dampfleitungen, die immer noch etwa zweitausend Gebäude in New York versorgen, Ventile für die Hydranten, die jeden Straßenblock markieren, einige Leitungen, die nicht zu identifizieren waren, und Überreste eines Hochdruck-Wassersystems, das die Feuerwehr vor langer Zeit einmal benutzte. All dies liegt auf dem Dach des U-Bahn-Tunnels, der nach New Jersey führt. Er kollabierte teilweise unter dem Gewicht der zusammengebrochenen Gebäude, und durch ihn schoß das Wasser aus zerplatzten Rohrleitungen unter dem Hudson hindurch und überflutete die Haltestelle Exchange Place in Jersey City.

Gleichzeitig war und ist der teilweise zerstörte Finanzbezirk mit vielen Kilometern superschneller Internetkabel und Fiberoptik besser und umfassender verkabelt als jede andere Landschaft der Welt. Die lokale Telefongesellschaft verlor am 11. September 2001 allein hier dreihunderttausend Anschlüsse. Statt zu reparieren, was zerstört wurde, wird die Gesellschaft annähernd hundert Kilometer hochmoderner Breitbandleitungen verlegen, die in gigantischen Plastikrohren zwischen, über und unter den Röhrensalat geklemmt werden, der sich den Arbeitern präsentierte, als sie die Straßen aufgebrochen hatten.

Als im Jahr 1916 die Tunnel für die U-Bahn in dieser Gegend gebuddelt wurden, fanden die Tiefbauarbeiter Reste des ausgebrannten und im Jahr 1613 versenkten Schiffs des holländischen Entdeckers Adriaen Block. Beim Aushub des Fundaments für das World Trade Center fünfzig Jahre später kamen Tierskelette zum Vorschein, Schuhe, Schrott, Kanonenkugeln: Abfall, der zur Landaufschüttung verwendet worden war. Darunter war das alte Flußbett, und darunter Moränenschutt, der letzte Rest der Gletscher, die einst New York bedeckten.

Nach dem 11. September mußten einige Monate vergehen, bevor man in New York wieder hörte, was jahrzehntelang als Gemeinplatz galt: daß das World Trade Center städtebaulich von Anfang an ein Fehlschlag war. Solange sie standen, waren die Türme ungeliebt und nur für Touristen das Wahrzeichen der Stadt. Für die New Yorker ist dies immer das Empire State Building geblieben. Dennoch kam unmittelbar nach den Terroranschlägen die Idee auf, die Zwillingstürme wieder aufzubauen. Später forderte der scheidende Bürgermeister Giuliani, was er nicht mehr versprechen konnte: die Widmung des gesamten Geländes an die Erinnerung, ein riesiges Mahnmal, das die Stadt, die kein Geld hat, viele Milliarden Dollar an entgangenen Steuern und kommmerziellen Nutzungsrechten kosten würde.

Nicht nur die Tatsache, daß ein Terroranschlag das Gebiet verwüstet und annähernd dreitausend Menschen getötet hat, sondern auch die Geschichte der Besitzerwechsel des Geländes haben eine Situation geschaffen, die einen schnellen Konsens über die Gestaltung von Ground Zero und die Straßenblöcke,

Public
Cafe
Hotel
Public
Forum

die ihn umgeben, außerordentlich unwahrscheinlich macht. Die Öffentlichkeit muß gehört, und auf ihre Einsprüche und Vorschläge soll sehr viel sensibler eingegangen werden, als dies bei halböffentlichen Planungsprojekten die Regel ist. Einerseits ist das demokratisch. Andererseits verhindern populistische Entscheidungen die Verwirklichung von außergewöhnlichen, mutigen Entwürfen, wie sie diesem besonderen Ort angemessen scheinen.

Noch Wochen nach dem Fall der Türme sah es so aus, als sei die Port Authority durch den Verlust von fünfundsiebzig Mitarbeitern aus ihren Büros im World Trade Center, zu denen auch der Direktor der Behörde zählte, so aus dem Gleichgewicht geraten, daß mit ihr in der Planungsphase des Wiederaufbaus nicht zu rechnen sei. Doch unter einem neuen Direktor erholte sich die Port Authority schnell, und niemand erwartet mehr, daß sie ihren immensen Einfluß darauf aufgeben würde, was auf ihrem Grund und Boden entsteht.

Doch es wurde auch noch eine neue Behörde gegründet, die *Lower Manhattan Development Corporation*, LMDC, die den Wiederaufbau des verwüsteten Gebiets in Zusammenarbeit mit der Port Authority, mit Bürgerinitiativen, Interessenvertretungen der Geschäfte in der Gegend und mit Vertretern der Hinterbliebenen beaufsichtigen soll. Sie repräsentiert eine *Public-Private Partnership* ähnlich jener, die für große Teile der Wiederbelebung des Gebiets um den Times Square verantwortlich war. Die Behörde hat vierzehn Mitglieder, deren Namen, wie ein Kritiker bemerkte, auch die Liste einer Golf-Einladung des Gouverneurs schmücken könnten. Bestellt von ebendiesem Gouverneur des Staates New York, Pataki, von Giuliani und von dessen Nachfolger Michael Bloomberg, sind sie allesamt Bürokraten, Finanzexperten und Vertreter von Immobilienfirmen, von denen niemand eine große Vision für das New York der nächsten Jahrzehnte erwartet. Nur ein einziger Stadtplaner sitzt in dem Gremium. Er ist der Überzeugung, daß im Städtebau kleinherzige Ideen immer scheitern. Nichts weniger als ein epochaler Entwurf für das Gelände, das für New York ähnlich bedeutsam werden könnte wie die Anlage des Central Park, solle für den Wiederaufbau von Lower Manhattan entwickelt werden. Allerdings nur, so schränkt er ein, wenn der Markt positiv auf einen solchen Plan reagiert.

Neben dem Markt hat Gouverneur Pataki den größten Einfluß auf die Gestaltung des Wiederaufbaus. Denn die LMDC ist eine Tochterbehörde der staatlichen *Empire State Development Corporation*, und diese untersteht der Aufsicht des Gouverneurs.

Über den vierzehn Mitgliedern der Behörde thront John C. Whitehead, ehemals Präsident der Investmentfirma Goldman Sachs und stellvertretender Staatssekretär in der Regierung von Ronald Reagan. Als einziger ist er dem Gouverneur Pataki zu nichts verpflichtet. Whitehead ist ein Kunstsammler von Rang und im Alter von achtzig Jahren weise genug, um das immense Konfliktpotential vorauszusehen, das in seiner Aufgabe steckt. Da das Areal, um dessen Neubebauung es geht, nicht nur ein Stück wertvoller Grund und Boden ist, sondern auch ein Massengrab, wird Whitehead alles tun, damit ein Plan zustande kommt, dem alle betroffenen Interessengruppen

zustimmen können. Um die Verantwortung möglichst breitflächig zu verteilen, hat er sich inzwischen acht beratende Gremien zur Seite gestellt. Architekten sind auch hier wieder nicht vertreten.

Die Konstruktion der Behörde zum Wiederaufbau sieht verdächtig ähnlich aus wie die *Downtown-Lower Manhattan Association*, die einst David Rockefeller als Instrument diente, mit öffentlichem Geld und einem Transithandel seine private Immobilienspekulation zu finanzieren. Whitehead aber hat vehement bestritten, daß beim Wiederaufbau des Geländes öffentliche Gelder zum Bau von Büroraum verwendet werden. Sollte er dabei bleiben, begänne auf Ground Zero ein neuer Abschnitt in der Geschichte der Stadt.

Mindestens bis zum Jahresende 2002 werden die Diskussionen darüber, was einmal die Lücke der kollabierten Zwillingstürme ausfüllen wird, spekulativ bleiben. Über einige sehr allgemeine Grundsätze allerdings scheinen sich alle Gruppen und Parteien einig zu sein: Die Straßen, die durch den Bau des World Trade Center unterbrochen oder abgeschnitten wurden (es waren fünf), werden in ihren alten Zustand zurückversetzt, vielleicht nicht alle, aber einige. Das bedeutet gleichzeitig, daß das Gelände erheblich kleinteiliger bebaut werden wird. Der Super-Block ist passé. Das ist nicht allein städtebauliche Vernunft, sondern korrespondiert mit einer Veränderung der Firmenkultur in Großkonzernen, die sich noch in den neunziger Jahren des zwanzigsten Jahrhunderts am liebsten einen eigenen städtischen Campus bauen ließen, auf dem sie all ihre Operationsbereiche versammeln konnten. Heute arbeiten dieselben Firmen lieber dezentralisiert und verlegen ganze Aktionseinheiten in Gebiete weit jenseits der urbanen Zentren.

Ob sich in Lower Manhattan statt einer Blockbebauung für Großkonzerne allerdings eine Mischung aus Büros und Wohnungen, Geschäften und Kultureinrichtungen für unterschiedliche Einkommensgruppen wird durchsetzen lassen, wie es von nahezu allen unabhängigen Planern und den Bürgerinitiativen gewünscht wird, ist nicht vorhersehbar. Eigentlich verbieten es die Grundsätze der Port Authority, daß die Behörde sich an Wohnhäusern beteiligt und an Kultureinrichtungen auch – wobei, wie die Geschichte zeigt, *eigentlich* einen gewaltigen Spielraum eröffnet.

Eines der wesentlichen Argumente in allen Diskussionen wird das Geld bleiben – nicht nur die Frage, wieviel es kosten wird zu bauen, sondern vor allem, wieviel der Gesamtkomplex New York und New Jersey einbringen wird, wenn er fertig ist.

Kurz nach Fertigstellung des World Trade Center kamen Hochhäuser ähnlicher Dimensionen im Westen außer Mode. Sie sind zu teuer zu bauen und zu unterhalten, und die Aufzüge nehmen zu viel kostbaren Platz in den unteren Etagen ein. Je höher die Wolkenkratzer sind, desto einsamer stehen sie im Stadtgeschehen, das sie andererseits durch ihre schiere Größe bestimmen. Sie legen ihre Schatten über ganze Häuserblocks. Heute steht die organische Verbindung neuer Bauten mit dem angrenzenden Stadtgewebe höher im Kurs als hochaufragende architektonische Gesten der Distanzierung. Doch die Skyline ihrer Stadt sind für die New Yorker nicht die Schemen hoher Häuser, sondern eine eigenständige Skulptur. Sie soll wiederhergestellt werden. Das kann nur geschehen, wenn an der Stelle, an der die Zwillingstürme standen, etwas entsteht, das entschieden höher ist als der Rest der Stadt.

Das gestrandete Meer

Wenn in seiner Seele nieseliger November herrschte, wenn er vor Sargläden stehenblieb, jedem Trauerzug hinterhersah und versucht war, allen Männern, die ihm begegneten, den Hut vom Kopf zu hauen, war es Zeit für Ishmael, wieder in See zu stechen. Doch bevor er in Nantucket an Bord des Walfängers Pequod ging und die Jagd auf Moby Dick begann und mit ihr eine Katastrophe ihren Lauf nahm, die alles Menschliche überstieg, ließ ihn sein Schöpfer Herman Melville die Spitze Manhattans umwandern. Wir sollten wissen, was Ishmael hinter sich ließ.

Ein verträumter Sabbatnachmittag sei am besten geeignet, so hatte Ishmael geraten, um den Gang von Corlears Hook nach Coenties Slip und von dort über Whitehall nach Norden anzutreten. Hunderteinundfünfzig Jahre nach dem ersten Erscheinen des *Moby Dick* sind alle Nachmittage gleich, und so mache ich mich eines Donnerstags auf den Weg. Es ist Sommer, aber kühl und der Himmel verhangen wie einst Ishmaels Herz. Corlears Hook liegt heute ein ganzes Stück weiter im Land als in der Mitte des neunzehnten Jahrhunderts, und die Wassergucker, die sich vor Ishmaels Augen ozeanischen Träumereien hingaben, sind hier noch nicht zu sehen. Zwischen dem kleinen Park und dem East River war nach dem zweiten Weltkrieg mit Schutt aus den Ruinen Londons nach dem deutschen *Blitz* der Uferstreifen aufgeschüttet worden. Schiffskonvois der amerikanischen Marine hatten das zerbombte Mauerwerk als Ballast geladen und in den New Yorker Hafen gebracht. Auf dieser Landaufschüttung ließ Robert Moses eine sechsspurige Schnellstraße bauen, und sie muß heute überqueren, wer von Corlears Hook ans Wasser gelangen will.

Corlears Hook ist nur eine Grünfläche mit ein paar Bänken und einem Pavillon für den Parkwächter neben einem asphaltierten Basketballplatz. Spatzen und Tauben hüpfen herum, und das Wasser, Möwen und Wellenschlag sind nicht einmal zu ahnen. Erst auf der Fußgängerbrücke über die Stadtautobahn kommt der Fluß in Sicht. Zwischen der Williamsburg Bridge zur Linken und der Manhattan Bridge zur Rechten, die beide erst ein gutes halbes Jahrhundert nach Ishmaels Spaziergang gebaut wurden, liegt auf der anderen Uferseite der Brooklyn Navy Yard, umgeben von Schornsteinen, Schiffsmasten, Lagerhallen und einer Zementfabrik. Sie künden von keinerlei Aktivität. Ishmael hat uns nicht erzählt, was er am gegenüberliegenden Ufer sah. Es waren, da der New Yorker Hafen in jenen Jahren noch in New York, nicht in New Jersey, lag, wahrscheinlich ebenfalls Schornsteine, Schiffsmasten und Lagerhallen, allerdings solche, die auch aus der Ferne den Eindruck der Geschäftigkeit abgegeben haben müssen, außer vielleicht am Sabbat. Heute stehen sie da wie eine weggeschobene Kulisse, vor der nichts mehr geschieht. Auf dem East River fahren nur noch Fähren, alle paar Stunden ein Aussichtsboot und manchmal Patrouillen der Wasserpolizei.

Umgeben vom Dröhnen des Autoverkehrs, rieche ich zum ersten Mal einige hundert Meter weiter südlich am Fluß das Meer. Ein paar Angler haben ihre Ruten in das Drahtgitter der Uferbegrenzung gesteckt und dösen auf Bänken dahin. In die von Abgasen schwere Luft wehen die Gerüche von Tang, Salz und Öl. Aus grauem Zwielicht taucht die Freiheitsstatue auf.

Die Uferpromenade ist plötzlich zu Ende. Wellblechwände leiten den Weg unter den Zubringer zur Manhattan Bridge um und an Gitterzäunen, Plastikplanen und Stacheldraht entlang. Hinter ihnen stapeln sich Träger von Häusern, die nicht mehr stehen, Alteisen, wertvoller Schrott. Läufer und Radfahrer werden an den Straßenrand gedrängt. In gefährlichen Manövern umkurven sie die Wartenden an der Bushaltestelle und Fußgängerampel. Von den grünen Gefilden, durch die Ishmael hier wanderte und die den Brücken weichen mußten, ist selbst vom Hörensagen nie etwas zu ihnen gedrungen. Landratten sind sie, ja, an Ladentische gefesselt und in Büros gepfercht wie all die, von denen er uns erzählte. Aber sie wissen, nur wenige Meter vom Wasser entfernt, nichts von den Molenköpfen, auf denen ihre Vorfahren einst saßen, angezogen, wie Ishmael dachte, von der magnetischen Kraft der Kompaßnadeln auf den Schiffen. Denn die Schiffe fahren hier nicht mehr.

Auf der Landseite säumt die Stadtautobahn ein Meer des sozialen Wohnungsbaus. Von der vierzehnten Straße bis zur Brooklyn Bridge reiht sich eine Siedlung an die nächste, mit der ältesten als südlicher Begrenzung. Sie wurde 1949 als Slum-Bereinigungsmaßnahme an der Lower East Side vom New Yorker Gouverneur Alfred Smith gebaut, dessen Förderung fünfundzwanzig Jahre zuvor Robert Moses seinen Einstieg in die Stadtbürokratie verdankte. Moses erweiterte die Siedlungen

entlang der neuen Straße und ließ die Elendsquartiere an Corlears Hook durch mehrstöckige Wohnhäuser ersetzen, eine Reihe neben der anderen, wie sie da noch heute stehen. An der Uferseite der Schnellstraße ließ er einen langgestreckten Park anlegen, der im Norden ebenfalls an der vierzehnten Straße beginnt und im Süden bei Corlears Hook endet.

Es hat nicht viel geregnet in den letzten Monaten, und der East River führt wenig Wasser. Unter der Brooklyn Bridge hat sich der Fluß zurückgezogen und einem kleinen Strand Raum gegeben, an den die letzten Ausläufer der Bugwelle eines unsichtbaren Schiffs weit draußen im Hafenbecken schlagen, Flußkräuselungen eher als Wogen, aber bewegt genug, um das Meer in Erinnerung zu bringen.

Über den Fulton Fish Market, den Fischgroßhandel wenige Straßenblöcke südlich der Brooklyn Bridge, muß auch Ishmael gekommen sein. Damals war der Markt Teil einer funktionierenden Wirtschaft im Hafen, heute ist er deren letzter Rest. Nachmittags ist es hier still. Aufgeräumt stehen in der Halle am Fluß die Gabelstapler, Waagen und leeren Tresen, die um Mitternacht wieder mit Fisch beladen werden, wenn das Geschäft beginnt. Gegenüber haben niedrige Backsteinhäuser die letzten hundert, manche auch hundertfünfzig Jahre überstanden. An einigen hängen noch Schilder, wie sie auf historischen Fotografien zu lesen sind, M. Slavin & Son Ltd. und Smitty's Fillet House. Aus dem Pflaster kriecht der faule Geruch von gestrandetem Meer und totem Fisch. Damit wollte Ishmael nichts zu tun haben, er wollte zum Meer weit draußen, wo der Strand nicht mehr in Sicht ist. Er wußte noch nicht, daß das Schiff, von dem er träumte, untergehen und alle auf ihm sterben würden, außer ihm, der uns davon berichtet, wußte nichts von dem Weiß des Wals, nichts vom Unheil, das aus der Natur emporsteigt, und dessen Sinn Melville zu ergründen suchte. Ishmael wollte nur hinaus.

Als letzte Schwundstufe dieser Sehnsucht nach der Wunderwelt jenseits der Häfen des alten Manhattan bleibt *Ride the Beast* – die Fahrt in einem Touristenboot mit aufgemalten Zähnen am Bug im Themenpark des Southstreet Seaport, einige Schritte neben dem Fischmarkt.

Vom Pier 11 gleich nebenan schlägt die Wall Street eine Schneise für den Blick auf die Trinity Church an der Ecke zum Broadway, die König William III. gegründet und im Jahr 1698 eingeweiht hatte. George Washington wurde hier 1789 als Präsident der Vereinigten Staaten vereidigt. Doch nicht die Kirche ist Ishmaels Ziel.

Nach Whitehall sollen wir laufen, sagt Ishmael, das geht entlang der Landungsbrücken bis fast nach Battery Park, der Südspitze Manhattans, auf der einst die Kanonen standen, mit denen die Insel sich gegen die Engländer verteidigte, und dann fort vom Wasser in die Stadt hinein und geradewegs auf die Pearl Street zu. Noch im siebzehnten Jahrhundert war die Pearl Street Uferstraße und Whitehall lag am Fluß. Der Grund, daß Ishmael diesen Schlenker nimmt, ist wahrscheinlich das Elternhaus von Melville. Melville wurde am 1. August 1819 hier geboren, doch das Haus steht längst nicht mehr. Nichts erinnert an den Autor eines der großen Romane der amerikanischen Literatur des neunzehnten Jahrhunderts, nichts an das Mysterium der Naturkräfte, die einen Walfänger und seine Besatzung übermannten. Ein schwarzer Kasten ist an dieser Stelle hochgezogen worden, mit einer glatten Fassade, in der sich die versetzten Kanten der umstehenden Häuser spiegeln.

Von dort geht's zurück zur Battery, ein Stück noch am Wasser entlang und dann nach Norden, vorbei an der Zollbehörde und dem Konkursgericht. Ground Zero liegt zur Linken, eine Baugrube nur noch, in die Hunderte Neugierige hineinspähen, aufgeräumter Rest der ersten Katastrophe des einundzwanzigsten Jahrhunderts. Ishmael beobachtete die Wassergucker, die dem Naß so nahe kommen mußten, wie sie gerade konnten, ohne hineinzufallen. Aus ihnen sind Grubengaffer geworden, und sie drängen sich an einen Zaun.

Am westlichen Rand der Insel, parallel zu den Piers, in denen Antikmessen Unterschlupf gefunden haben, führt der Westside Highway schnurgerade nach Norden. Bald passiere ich das Hotel für Seefahrer, in dem einst die Matrosen der Titanic unterkamen, und erreiche die Straße mit Namen Gansevoort. Sie wurde nach holländischen Aristokraten benannt, aus deren Familie Maria Gansevoort stammte, die Mutter Melvilles. Doch vornehm ist die Gegend nicht mehr, durch die Gansevoort führt. Es ist das Schlachtereiviertel, das bis vor wenigen Jahren als einer der bizarrsten, nach Einbruch der Dunkelheit nicht ganz geheuren Bezirke Manhattans galt.

Inzwischen ist die Gegend auf dem Weg, den Soho und Tribeca zuvor gegangen sind. Modeläden und ein Luxuskaufhaus sind hierher gezogen, Lofts werden zum Wohnen mit Flußblick ausgebaut, und einige der begehrtesten Restaurantadressen New Yorks finden sich jetzt hier. Doch tagsüber schleppen immer noch Kolonnen von Arbeitern der Fleischindustrie auf nackten Schultern abgehangene Tierhälften zu oder aus den Kühlhäusern; nachts treffen sich hier Huren und ihre Kunden, Transvestiten und nicht selten auch Touristen auf der Suche nach der düstersten Bar der Stadt.

Daß New York in der Mitte des neunzehnten Jahrhunderts der größte Rindfleischproduzent des Landes war und die Schlachterei und Fleischverpackung einer der wichtigsten Wirtschaftszweige, wissen die meisten nicht, die sich heute in dieser Gegend bewegen. Auch ahnen sie kaum, daß jenes kleine Gebiet in der Nähe der Piers nur das letzte Residium eines einst riesigen Fleischereibezirks ist, der ab dem Ende des achtzehnten Jahrhunderts von einem Teil der Stadt in den nächsten wanderte. Das erste öffentliche Schlachthaus wurde 1676 an der Ecke Pearl Street und Broadway eröffnet und ersetzte die privaten Schlachtereien, nachdem die Stadtregierung das Schlachten nur noch in gemeindeeigenen Häusern gestattet hatte. 1784 zog der öffentliche Schlachthof nach Corlears Hook um und wurde einige Jahre später abgerissen.

Erst nach dem Zweiten Weltkrieg verlor die Stadt wegen zu hoher Lohnkosten ihre Bedeutung als Fleischlieferant der Nation. Im Osten entstanden auf dem Gebiet der Schlachthäuser die Gebäude der Vereinten Nationen, im Westen führten in den sechziger Jahren ausgedehnte Streiks zur Schließung der Fleischereien. Kurze Zeit später wurde das Schlachten innerhalb der Stadtgrenzen New Yorks endgültig verboten. Was blieb, war der Fleischvertrieb in dem kleinen Bezirk um Gansevoort.

Fünfzehn Jahre nach Veröffentlichung des *Moby Dick* fand Herman Melville eine Arbeit hier. Nicht in den Schlachthöfen, sondern direkt gegenüber an den Landungsbrücken. Er wurde Zollinspektor der Hafenbehörde und blieb dies bis zu seiner Pensionierung im Jahr 1885. *Moby Dick* und die Bücher, die folgten, einschließlich des Gedichtsbands *Clarel: A Poem and Pilgrimage in the Holy Land*, dessen Druckkosten Melvilles Onkel Peter Gansevoort bezahlte, fanden keine öffentliche Aufmerksamkeit und keinen Respekt. Melville war vergessen.

Nach seinem Gang am Wasser entlang ließ Ishmael Manhattan hinter sich und brach auf nach Kap Hoorn. Die Flüsse und das Meer sind geblieben, wie der Geruch von Seetang und die Aussicht über die Bucht. Die Dämmerung bricht herein. Sie ist rot, und ich gehe nach Haus.

Quellenverzeichnis

Wesentliche Informationen, die sich in diesem Buch finden, und Gedanken, die hier entwickelt werden, verdanken sich der Lektüre folgender Bücher:

Ric Burns, James Sanders:
New York. An Illustrated History
Alfred Knopf, New York 1999

Edwin G. Burrows, Mike Wallace:
Gotham. A History of New York City to 1898
Oxford University Press, New York 1999

Robert A. Caro:
The Power Broker. Robert Moses and the Fall of New York
Alfred A. Knopf, New York 1974

Eric Darton:
Divided We Stand. A Biography of New York's World Trade Center
Basic Books, New York 1999

Jameson W. Doig:
Empire on the Hudson. Entrepreneurial Vision and Political Power at the Port of New York Authority
Columbia University Press, New York 2001

Sir Peter Hall:
Cities in Civilization
Pantheon Books, New York 1998

Kenneth T. Jackson (Hg.):
The Encyclopedia of New York City
Yale University Press, New Haven/London 1995

Jane Jacobs:
The Death and Life of Great American Cities.
Random House, New York 1961 und 1993

Herman Melville:
Moby Dick oder Der Wal
Deutsch von Matthias Jendis. Carl Hanser Verlag, München/Wien 2001

Benjamin Miller:
Fat of the Land. Garbage in New York. The Last Two Hundred Years
Four Walls Eight Windows, New York 2001

Witold Rybczynski:
City Life. Urban Expectations in a New World
Scribner, New York 1995

Robert A. Stern et al.:
New York 1880. Architecture and Urbanism in the Gilded Age
Monacelli Press, New York 1999

Ders.:
New York 1900. Metropolitan Architecture and Urbanism 1890–1915
Rizzoli, New York 1983

Ders.:
New York 1930. Architecture and Urbanism Between the Two World Wars
Rizzoli, New York 1987

Ders.:
New York 1960. Architecture and Urbanism Between the Second World War and The Bicentennial
Monacelli Press, New York 1995

Elliot Willensky, Norval White:
AIA Guide to New York City. 3rd Edition
Harcourt Brace Jovanovich,
San Diego/New York/London 1988

The WPA Guide to New York City
The Federal Writer's Project Guide to 1930's New York.
A Comprehensive Guide to the Five Boroughs of the Metropolis.
Random House, New York 1939 und 1982

Kommentierte Literaturliste

Geschichten, Gedichte und Romane, Erinnerungen und Briefwechsel, die New York zum Thema haben, gibt es in unübersehbarer Anzahl. Für diese kommentierte Aufstellung wurden einige persönliche Lieblingsbücher ausgewählt.

Herbert Asbury, *The Gangs of New York.* New York 2001 (dt. *Die Gangs von New York.* München 2001)

Diese Geschichte der Banden New Yorks und ihrer Kriege erschien 1928. Eine Mischung aus Fakten und Legenden über das Verbrechen aus etwa hundert Jahren ab 1820. Asburys Geschichten scheinen direkt aus dem Unbewußten der Stadt zu kommen, von dort, wo die Angst wohnt, die immer das Gegengewicht zum Ehrgeiz bildete, die Angst vor dem Verbrechen, in der sich das schlechte Gewissen über die Gottlosigkeit New Yorks manifestiert.

Anatole Broyard, *Kafka Was the Rage. A Greenwich Village Memoir.* New York 1996 (dt. *Verrückt nach Kafka*. Berlin 2001)

Greenwich Village nach dem zweiten Weltkrieg wird hier als kleine Schwester von Paris in den zwanziger Jahren beschrieben – schäbig, intim, ein Viertel, in dem jeder den anderen kannte und man in den Bars und auf den Bänken am Washington Square lebte. Es waren die Jahre, in denen Personen in Mode kamen und aus Europa exilierte Professoren an der New School of Social Research versuchten, aus ihren Studenten Immigranten im eigenen Land zu machen.

John Cheever, *The Stories*. New York 1979 (dt. *Der Schwimmer*. Reinbek 1995, *Im Schatten der Ginflasche*. Reinbek 1996 und *Marcie Flints Schwierigkeiten*. Reinbek 1997)

Im Vorwort zu dieser Sammlung von Kurzgeschichten, von denen viele zu den besten der amerikanischen Literatur nach dem zweiten Weltkrieg gehören, schreibt Cheever, daß sie von einer lange verlorenen Zeit handeln, in der das Licht vom Fluß durch die Stadt flutete, die Musik von Benny Goodman aus dem Radio des Ladens an der Ecke tönte und jederman noch einen Hut trug. Doch es sind nicht nur Geschichten über dieses vergangene New York, sondern auch über die Suche nach einer Moral in der täglichen Unordnung der Welt.

Don DeLillo, *Underworld*. New York 1997 (dt. *Unterwelt*. Köln 1998)

Erfaßt den Bewußtseinstrom der Stadt in den Jahren des kalten Kriegs. Grandios die Eröffnung mit der Schilderung eines Baseball-Spiels zwischen den Mannschaften der New York Giants und der Brooklyn Dodgers im Jahr 1951. Ein historischer Bruch im Bewußsein der amerikanischen Nation wird als ein Stück New Yorker Stadtfolklore erzählt. Das Spiel war die letzte Manifestation einer Zeit, in der einzelne Stadtteile aufs engste mit ihren Teams verbunden waren. Der Besitzer der Dogders verpflanzte die Mannschaft 1957 nach Los Angeles.

Theodore Dreiser, *The Color of a Great City*. Syracuse 1996

Eine Sammlung von Sketchen, die das New York der Jahre 1900 bis 1915 in vielen gegensätzlichen Beobachtungen lebendig werden läßt. Dreiser wurde mit »Sister Carrie« und »An American Tragedy« als Romanautor berühmt. Hier schreibt er als Reporter mit leicht romantisierendem Blick. Erstmals erschienen 1926.

Francis Scott Fitzgerald, *The Great Gatsby.* London 1994 (*Der große Gatsby*. Zürich 1974)

Roman aus dem Zeitalter des Jazz, der vor allem vom Geld handelt. 1925, im Jahr seiner Publikation, ist alles käuflich, aber nicht immer in derselben Währung, weshalb eine Liebe, um die es auch geht, scheitert. Fitzgeralds New York ist die Hochburg des Kommerzes, aber auch die Stadt, in der – hätte das Leben einen zweiten Akt – dieser spielen würde.

Henry James, *Washington Square.* New York 1998 (dt. *Die Erbin vom Washington Square.* Berlin 1975)

Als dieser Roman 1881 erschien, lebte Henry James bereits seit sechsundzwanzig Jahren nicht mehr in New York. 19 Washington Square North war die Adresse seiner Großmutter, und Ruhe und Liebenswürdigkeit dieses Ortes kontrastieren wirkungsvoll die unglücklichen Händel um eine reiche Erbin. Eine Sozialsatire, angetrieben von der Bewegung des Geldes.

Alfred Kazin, *A Walker in the City* und *New York Jew.* New York 1969 und 1978 (dt. *Meine Straßen in New York*. Olten 1966)

Die Erinnerungen eines Intellektuellen. Der erste Band, erstmals erschienen 1946, schildert eine Kindheit in Brooklyn, die sich Kazin auf Spaziergängen durch den Stadtteil noch einmal erwandert, der zweite führt den Leser in die literarischen Zirkel New Yorks, zu Lionel Trilling und Saul Bellow. Auch Sylvia Plath hat einen Auftritt hier, sie war eine Studentin des Autors.

Wolfgang Koeppen, *Amerikafahrt*. Frankfurt 1982

Beschreibt mit atemnehmender Genauigkeit das Fremde wie das Vertraute, das der Reisende bei seinem ersten Besuch empfindet, und gibt das Bild einer Stadt, die sowohl tatsächlich da wie auch der Phantasie des Autors entwachsen ist. Koeppen, der dieses Buch 1959 schrieb, kam in New York auf dem nordamerikanischen Kontinent an. Von dort aus bereiste er andere Gegenden bis zur Westküste.

Sabina Lietzmann, *New York, die wunderbare Katastrophe.* Hamburg 1976

Das Buch einer Journalistin, die in den siebziger Jahren, als New York dem Untergang geweiht schien, die Stadt durchstreift, einzelne Viertel und Kulturen beschreibt, die katastrophalen Zustände sieht und doch der »Stadt am Felsenkap Manhattans« huldigt. Leider vergriffen.

Phillip Lopate (Hg.), *Writing New York. A Literary Anthology.* New York 1998

Die beste und umfangreichste Anthologie von Essays und Kurzgeschichten, die in New York spielen. Vertreten sind Autoren mit Ausschnitten aus größeren Werken oder abgeschlossenen Geschichten, angefangen bei Washington Irving mit einem Exzerpt aus seiner »Geschichte New Yorks« aus dem Jahr 1809 über viele bekannte und einige vollkommen unbekannte bis zu Vivian Gornick mit einem Stück aus ihrem langen Essay »On the Streets« von 1996. Enthält auch Herman Melvilles »Bartleby« sowie die Erzählung »A Sunday Kind of Love« von Tom Wolfe und Joan Didions Abschied von New York, »Good-bye to All That«.

Colum McCann, *This side of brightness.* New York 1998 (dt. *Der Himmel unter der Stadt.* Reinbek 2000)

Der Roman des irischen Schriftstellers, der in New York lebt, verstrickt in einer weitausholenden Bewegung die Geschichte eines Hochbauarbeiters, der im Tunnelsystem der U-Bahnen lebt, mit der seines Großvaters, der als Tiefbauarbeiter diese Tunnel einst mit gegraben hatte. Es geht um die sozialen und rassischen Strukturen der Stadt, und vor allem ums Bauen, geschrieben mit einigem Mut und jenseits der Klischees.

Mary McCarthy, *Intellectual Memoirs. New York 1936–1938.* New York/San Diego/London 1992

Mary McCarthy schrieb diese Erinnerungen an die Zeit, als sie in ihren Zwanzigern war, im Alter von etwa siebzig Jahren. Sie sind der zweite und letzte Teil einer autobiographischen Serie, die die Autorin nicht mehr vollenden konnte. Es geht um ihre frühen Jahre in New York, ihre Liebschaften, den Beginn ihrer Schriftstellerkarriere und ihre Ehe mit Edmund Wilson. Der detailgenaue Blick auf alltägliche Gegenstände ebenso wie auf Ideen und Stile bringt die Zeit greifbar nahe.

Dorothy Parker, *The Collected Stories.* New York 1942
(dt. *New Yorker Geschichten*. München 2002)

Dorothy Parker, die von 1893 bis 1967 lebte, war nach übereinstimmender Einschätzung ihrer Zeitgenossen die Frau mit dem schärfsten Verstand und dem beißendsten Witz ihrer Zeit. Sie wurde berühmt als Gründerin des »Round Table« von Schriftstellern im Algonquin Hotel, und die überwiegend mittelmäßigen und schlechten Autoren, mit denen sie dort trank, haben ein wenig auch ihrem Namen den Glanz genommen. Zu Unrecht. Ihre Kurzgeschichten aus den zwanziger und dreißiger Jahren des zwanzigsten Jahrhunderts, zeigen uns die Moderne, wie sie begann.

J. D. Salinger, *The Catcher In the Rye*. New York 1991
(dt. *Der Fänger im Roggen*. Reinbek 2002)

Seit seinem Erscheinen 1951 ein Klassiker in vielen Sprachen. Die Spaziergänge von Holden Caulfield im Central Park führen in eine Landschaft, die fast unverändert geblieben ist. Im Metropolitan Museum allerdings, wo Holden zwei Jungen zu den Mumien führt, verliefe er sich heute ebenso wie im Museum of Natural History, in dem es damals noch keinen einzigen Andenkenladen gab. Eine romantische Version der Stadt in der Mitte des zwanzigsten Jahrhunderts.

Edith Wharton, *Twilight Sleep*. New York 1997

Einer der weniger bekannten Romane der Autorin von »Der Zeit der Unschuld«, erschienen 1927. In beizender Sprache erzählt sie hier von der müßigen Klasse in New York, vor allem der weiblichen Sphäre der Wohltätigkeitsveranstaltungen und festlichen Abendmahle einschließlich aller Fragen nach Gästelisten, Garderobe, Sitzordnung und Tanzvermögen. Geld, Sex, Arbeit, okkulte Studien oder mystische Heilverfahren, sie alle dienen einzig dem Zweck, der lähmenden Langeweile eines nutzlosen Lebens zu entkommen.

E. B. White, *Here is New York*. New York 1999

Ein kaum fünfzig Seiten langer Essay, geschrieben in einem Hotelzimmer während einer Hitzewelle im Sommer 1948. White war der Überzeugung, um aktuell zu sein, müsse ein Verleger in Lichtgeschwindigkeit drucken, wenn es um New York ginge. Sein Buch beweist das Gegenteil. Details haben sich verändert, doch das grundsätzliche Gefühl bleibt: daß der Blick auf die Stadt von heute auch den Verlust sieht der Stadt, die New York gestern war, und daß nirgendwo sonst die Einsamkeit und die Privatheit größer sind als hier.

Richard Yates, *Revolutionary Road*. New York 2000

Richard Yates, der von 1926 bis 1992 lebte, ist einer der großen Realisten der amerikanischen Nachkriegsliteratur. Dieses Buch führt den Leser von New York weg in die Vorstädte, die sich 1961, als Yates dies schrieb, in rasantem Tempo um die Städte auszubreiten begannen. Das Ehepaar Wheeler zieht aus New York fort in der Hoffnung, jenseits des Flusses die Balance zu finden zwischen den kleinen, erdverbundenen Dingen des ländlichen Lebens und den großen Möglichkeiten in der Stadt der Träume. Yates' Blick auf die Großstadt ist ähnlich sardonisch wie sein Blick auf die Vororte, und der eine spiegelt sich im anderen.

Bildnachweise

Manhattan Transfer
Seite 9
Gerald Geerlings: *Civic Insomnia*, Aquatinta, 1932. © Museum of the City of New York
Seite 12
Joseph W. Golinkin: *Evolution of the Speakeasy*, Lithographie, 1929. © Museum of the City of New York

Der Widerspenstigen Zähmung
Seite 18
Steckbrief für WM. M. Tweed, 1875. © Collection of The New-York Historical Society

Das Wasser
Seite 37
Louis Lozowick: *Queensboro Bridge*, Lithographie, 1930. © Museum of the City of New York
Seite 43
A. R. Waud: *Along the Docks, New York City*, 1869. © New York Public Library

Die Stadt ohne Gedächtnis
Seite 53
John Bachmann: *New-York and Environs*, Lithographie, 1859. © Eno Collection/Miriam and Ira D. Wallach Division of Art, Prints and Photographs/The New York Public Library/Astor, Lenox and Tilden Foundations

Seite 60
Otto Bottinger: *Turn Out of the Employees of the American Express Company, June 21, 1858.* © Museum of the City of New York

Die Macht des Transports
Seite 97
Fritz Eichenberg: *Subway*, Holzschnitt, 1934. © Museum of the City of New York
Seite 108
Isak Friedlander: *3 A.M.*, Radierung, 1933. © Museum of the City of New York

Das Geld
Seite 114
Stadtplan von Midtown New York mit Blick auf das Rockefeller Center, ca. 1932, aus: Robert A. Stern et al: *New York 1930. Architecture and Urbanism Between the Two World Wars*, New York 1987. © Museum of the City of New York
Seite 119
Rockefeller Center, das RCA Central Building (Fotografie: Wurts Bros.), undatiert. © Museum of the City of New York

Die Erfindung der Mitte
Seite 129
Postkarte: »The Times Building. Talk about your hard times! Send me a cushion. Yours…«, 1903. © Museum of the City of New York

Ground Zero gehört nicht zu New York
Seite 147
Hans Hollein 1, aus: Max Protetech: *A New World Trade Center.*

© 2002 by Max Protetech. Abdruck mit freundlicher Genehmigung von Harper Collins Publishers, Inc.
Seite 150
Steven Holl, aus: Max Protetech: *A New World Trade Center*. © 2002 by Max Protetech. Abdruck mit freundlicher Genehmigung von Harper Collins Publishers, Inc.
Seite 153
1100 Architect, aus: Max Protetech: *A New World Trade Center*. © 2002 by Max Protetech. Abdruck mit freundlicher Genehmigung von Harper Collins Publishers, Inc.

Das gestrandete Meer
Seite 160
Léon-Auguste Asselineau (nach John Bachmann): *Vue générale de New-York*, Lithographie, um 1852, aus dem Nachlaß von W. C. Arnold, The Edward W. C. Arnold Collection of New York Prints, Maps and Pictures, 1954. © The Metropolitan Museum of Art
Seite 163
W. William: Cities of New York and Brooklyn, 1847